스포츠카드
수집의 세계에서 투자의 세계로

스포츠카드
수집의 세계에서 투자의 세계로

SPORTS CARD

센트리우스(구자경) 지음

구매부터 보관, 그레이딩, 경매까지
스포츠카드 투자에 대한 모든 것

위너스북

★★★★★

스포츠카드의
세계에 오신 것을
환영합니다

"안녕하세요, S 은행입니다. 미국에서 고객님의 계좌로 2만 달러가 넘는 큰 금액이 입금되어 연락드렸습니다. 혹시 어떤 사유로 송금되는 금액인지 확인할 수 있을까요?"

별다를 것 없이 평온한 하루였다. 전화기 너머로 예의 바르고 활기찬 목소리가 들려왔다. 거래 은행의 외환 담당자분은 이 돈이 무슨 돈이냐-를 예의 바르게 물어왔고, 나는 담담하게 말했다.

"소장하고 있던 스포츠카드를 미국 경매에 내놓았는데, 낙찰된 금액이 들어온 것 같습니다."

이렇게 대답하면 분명히 궁금해할 것이 뻔한데, 그냥 소장품이나 수집품이라고 해도 될 것을 굳이 스포츠카드라고 자세히 이야기한 것은 얼굴도 모르는 분에게도 자랑하고 싶은 마음이 조금 담겨 있었던 걸까. 역시나 내가 담당자분의 호기심 단추를 건드렸는지 추가적인 질문이 날아든다.

"스포츠카드라면 농구 선수 카드 같은 것 말씀이죠? 실례지만 그걸 몇 장이나 파셨길래 2만 달러가 넘나요?"
"한 장이 2만 3천 달러에 낙찰되어서 그런 것 같네요."
"한 장이라고요? 카드 한 장이 그렇게 비싼가요? 흠…"

담당자분은 궁금증을 볼에 가득 문 채로, 아쉬운 느낌을 남기며 통화를 끊었다. 어차피 전화기를 붙잡고 이야기하기엔 너무 긴 사연이었다.

내가 스포츠카드에 투자해서 큰돈을 벌었다는 이야기를 꺼내면 듣는 사람들은 크게 관심을 기울이고, 더 자세한 이야기를 원한다. 그럼에도 보통은 '스포츠카드 = 어린 시절 추억의 장난감'이라는 인식이 강하게 자리

잡고 있어서, 먼저 선입견을 깨는 데 에너지를 많이 써야 한다. 한참 동안 스포츠카드 투자에 관해 설명을 듣고 난 사람들은 대체로 신기해하기는 하지만 실제로 그런 투자는 어려울 것이고 아무나 하는 것이 아니라고 스스로 문을 닫아버린다. 과연 스포츠카드 투자는 그렇게 어렵고 현실성 없는 투자일까? 결론부터 말하자면 그렇지 않다. 나는 그런 편견과 싸우기 위해 이 책을 쓰게 되었다.

NHL(내셔널 하키 리그)의 전설적인 스타인 웨인 그레츠키Wayne Gretzky는 "시도하지 않은 샷은 100% 빗나간다"라고 말했다. 성공할 가능성이 작아 보여도, 용기를 내어 시도하는 것이 결국 성공의 필요조건임을 강조한 것이다. 실패가 두렵거나 그저 귀찮아서 시도조차 하지 않으면 100%의 확률로 실패하게 되어 있다.

이 책은 스포츠를 좋아하는 이들에게 새로운 흥미를 불러일으킬 것이다. 또한 한발 더 나아가 스포츠카드 투자가 갖는 독특한 매력을 소개함으로써 독자분들이 실제로 스포츠카드 투자를 할 수 있도록 안내하는 중요한 역할을 할 것이라고 믿는다.

이제 와서 돌이켜 보니, 본업에 집중하면서 따로 시간을 내어 책을 쓴다는 것은 생각했던 것보다 몇 배는 더 어려운 일이었다. 글이 잘 써지지 않아서 스트레스받는 날들의 연속이었으며, 노트북을 펴놓은 채로 엎드려서 그대로 잠든 일도 여러 번 있었다. 중간에 몇 번의 위기가 있었지만, 이 책의 마지막 페이지가 쓰이기까지 포기하지 않도록 나를 이끌어주신 하나님께 감사드리며, 항상 긍정적인 피드백을 주며 격려를 아끼지 않았던 아내와 사랑하는 두 딸 줄리와 세라에게 무한한 사랑과 감사의 마음을 전한다.

2023년 5월 센트리우스

PART 2.
투자하기 전, 반드시 알아야 하는 것들

PART 3.
카드 그레이딩 A to Z

스포츠카드 이름 읽는 법

책에서 언급되는 스포츠카드는 발행연도와 발행된 브랜드의 이름, 선수의 이름과 세트 이름(혹은 특수 카드의 종류), 일련번호 순으로 기록하였으며, 등급 카드의 경우 그레이딩 회사의 이름과 점수도 함께 표시하였다. 실제 이베이 등에서 검색할 때도 이와 같이 발행년도와 브랜드, 선수의 이름을 순서대로 입력한다면 어렵지 않게 원하는 카드를 찾을 수 있다.

1996 Fleer Michael Jordan Decade of Exellence #4 PSA 10

- **1996** = 발행연도
- **Fleer** = 브랜드 이름
- **Michael Jordan** = 선수 이름
- **Decade of Exellence** = 세트 이름
- **#4** = 일련번호
- **PSA** = 그레이딩 회사 이름
- **10** = 등급 점수

PART

1

스포츠카드 투자?
처음 듣습니다만

1장

스포츠카드 투자라니, 그게 뭐길래?

요즘 친구들이나 가족들을 만나서 세상 사는 이야기를 나누다 보면, 부동산이나 주식, 암호화폐 투자 같은 재테크 관련 이야기가 항상 수면 위로 올라오곤 한다. 결혼식장 피로연에서도 '누가 언제 아파트를 샀는데 얼마가 올랐대' '누구는 비트코인에 투자해서 큰 손실을 봤대' 같은 대화가 자연스럽게 이어진다. 역시나 돈 버는 것과 관련된 이야기는 어떤 상황에서도 인기 있는 화제임이 분명하다.

하지만 내가 조심스럽게 "나는 스포츠카드에도 투자를 하고 있어"라고 이야기하면 대부분 낯설다는 반응을 보인다. 보통 "스포츠카드가 뭐야?"라고 하거나, "아, 스포츠카드라면 NBA 카드 말하는 거지? 나도 그거 예전에 모았었어. 집에 찾아보면 아직도 있을 텐데"라고 추억에 잠기는 사람들도 간혹 있다. 하지만 스포츠카드에 대해 흐릿하게나마 알고 있는 사람들도 스포츠카드로 투자한다는 이야기를 들으면 고개를 갸우뚱하기 일쑤다.

스포츠카드가 일반적으로 잘 알려진 투자 종목이 아니다 보니 처음에는 다들 별 관심을 두지 않는다. 오히려 관심이 없으면 다행이고, '지금 나이에도 그런 취미를…'하고 특이하게 생각하는 사람들도 있다. 하지만 그렇게 부정적으로 바라보던 사람들도 내가 "그래, 나는 스포츠카드에 1만 원을 투자해서 3천만 원을 벌었어"라고 얘기하는 순간, 다들 눈을 휘둥그레 뜨고 되묻는다. "3천만 원을 벌었다고? 아니 그런 종이 쪼가리를 3천만 원이나 주고 사는 사람이 있어?" 그리고는 대체 스포츠카드가 뭔지, 3천만 원을 어떻게 벌었는지, 자기도 돈을 벌 수 있는 건지 등 여러 가지 질문이 쏟아진다.

스포츠카드는 스포츠 스타와 팬의 연결고리

스포츠카드 투자를 이야기하기 전에 먼저 스포츠카드가 무엇인지에 대한 설명이 필요할 것 같다. 스포츠카드는 프로스포츠 선수의 사진이 담겨 있는 수집품의 한 종류이다. 일반적으로 앞면에는 선수의 사진이 인쇄되어 있으며 뒷면에는 그 선수의 정보와 매년 기록한 경기 성적이 적혀져 있다. 좋아하는 스타의 스포츠카드를 갖고 있으면 그 선수에 대해 더 잘 알게 되고 더 가까워지는 느낌이 든다. 즉 스포츠카드는 멀게만 느껴지는 스포츠 스타와 팬의 심리적인 거리를 좁혀주는 연결고리 역할을 하는 셈이다.

→ LA다저스에 진출했을 당시 제작된 류현진 선수의 카드 앞면. LA 다저스 팀의 로고와 함께, 소속팀의 유니폼을 입은 류현진 선수의 사진이 들어가 있다.

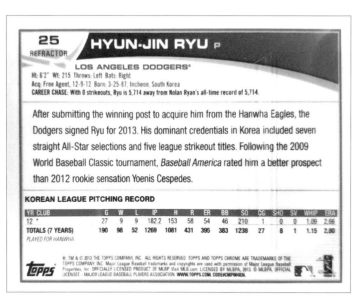

→ 류현진 선수의 정보와 카드 발행 직전까지의 선수 기록이 함께 기재된 카드 뒷면

국내 스포츠 팬들에게 가장 인지도가 높은 스포츠카드인 NBA(미국 프로농구) 카드는 스포츠카드의 여러 종류 중 하나이다. 스포츠카드는 NBA를 제외하고도 MLB(미국 프로야구), NFL(미국 프로풋볼) 등 북미지역에서 인기 있는 프로스포츠를 중심으로 다양한 종목의 카드가 발행된다. 또한 세계적으로 스포츠카드 수집 문화가 확대되면서 현재는 카타르 월드컵이나 잉글랜드 프리미어 리그 등을 다루는 축구 카드와 KBO(한국 프로야구)등의 국내 프로스포츠를 대상으로 하는 카드도 활발하게 거래되고 있다.

➜ 카타르 월드컵에서 골든 부츠를 수상한 프랑스 대표팀
  의 음바페 선수의 카드

2022년 카타르 월드컵에서 프랑스 대표팀 소속으로 무려 8골
을 몰아치며 골든 부츠를 차지했던 킬리안 음바페Kylian Mbappe
선수는 엄청난 숫자의 팬을 보유하고 있으며 국내에서도 음바
페 선수의 폭발적인 스피드를 좋아하는 팬들이 많이 늘어났다.
하지만 음바페 선수의 팬이라고 해도, 음바페 선수를 실제로
만나거나 경기를 직관하는 것은 결코 쉬운 일이 아니며 큰 기

회비용이 필요하다. 당장이라도 프랑스로 날아가고 싶지만 애석하게도 지갑은 깃털처럼 가볍고 직장에 매여 있는 몸은 자유롭지 못하다. 이런 상황에서 음바페 선수의 멋진 사진이 담긴 스포츠카드는 대리 만족을 가능케 하는 매력적인 수집품이 아닐 수 없다.

마이클 조던이 불러온 스포츠카드 열풍

내가 처음 스포츠카드를 접한 것은 1990년대 초반이었다. 이때가 바로 노스캐롤라이나 대학교를 막 졸업한 마이클 조던 Michael Jordan이라는 젊은 선수가 NBA 팀인 시카고 불스의 지명을 받고 프로 무대에 뛰어든 지 얼마 되지 않았던 시기였다. 마이클 조던의 등장을 기점으로 NBA의 인기는 뜨겁게 달아오르기 시작했다. 선수 생활의 대부분을 시카고 불스에서 활약했던 조던은 수많은 하이라이트 필름을 만들어내며 우승 기록을 늘려나갔고, 팬들은 점점 그의 활약에 빠져들게 되었다. 조던과 같은 팀에서 함께 플레이했던 스카티 피펜 Scottie Pippen, 데니스 로드맨 Dennis Rodman같은 선수들도 큰 인기를 끌었다.

나는 마이클 조던이 우승 문턱에서 상대했던 라이벌 팀의 스타들도 매우 좋아했다. 피닉스 선즈의 찰스 바클리Charles Barkley, 올랜도 매직의 샤킬 오닐Shaquille O'neal과 앤퍼니 하더웨이Anfernee Hardaway, 시애틀 슈퍼소닉스의 숀 켐프Shawn Kemp와 게리 페이튼Gary Payton 그리고 유타 재즈의 칼 말론Karl Malone과 존 스탁턴 John Stockton 같은 라이벌 스타들의 활약은 영화 속의 한 장면처럼 내 기억에 여전히 남아 있다.

미국에서 시작된 이 열기는 태평양을 건너 대한민국까지 전해지게 되었다. 인기 스타들의 사진이 들어간 스포츠카드는 학생들과 젊은 층을 대상으로 큰 인기를 끌었다. 이 당시 유행했던 최불암 시리즈와 더불어 NBA 선수들의 이름으로 만든 유머 모음집도 만들어져서 판매되었다. "오늘 수업이 너무 지루하던데, 혹시 수업 시간에 마이클 졸던?" 이런 실소를 자아내는 유머들을 보며 킥킥거렸던 기억이 난다. 서울을 필두로 지역별 스포츠카드를 판매하는 오프라인 카드샵도 많이 생겼다. 학교가 끝나면 카드샵에 학생들이 삼삼오오 모여서 서로 가진 카드를 자랑하거나 교환하기도 하고, 용돈을 받은 날에는 카드 팩을 구매해서 무엇이 나올까 설레며 조심스럽게 뜯어보곤 했었다.

어린 학생이었던 나는 비싼 카드를 구매할 수 있는 상황은 아니었다. 하지만 이런 풍경을 어깨너머로 구경하고 선수들에 따라 매겨지는 가격이 다른 것을 보며 어렴풋이 'A 선수는 B 선수보다는 비싸지만 C 선수보다는 싸네'라든지, '작년에는 D 선수가 비쌌는데 올해는 부상 때문인지 가격이 많이 낮아졌네'라는 것들을 느끼게 되었다. 지금 생각하면 주식 종목을 분석하는 것과도 비슷한 일이었지만 그 당시에는 그런 생각은 전혀 하지 못했다. 그저 좋아하는 선수의 카드를 얻게 되면 잘 보관하고, 때로는 친구들과 교환하면서 즐거운 시간을 보낼 뿐이었다. 하지만 이렇게 황금기를 맞이했던 스포츠카드 컬렉터들의 평화로운 일상은 1997년이 되면서 산산조각이 되었다.

스포츠카드 시장을 무너뜨린 IMF 외환위기, 살아남은 컬렉터들

1997년, 외환위기가 닥치며 셀 수 없을 정도로 많은 기업과 은행이 파산하였으며 국가 신용등급이 심각하게 하락하였다. 외환보유고가 바닥을 보이면서 사실상 국가 부도 상황에 이르자 대한민국은 고심 끝에 IMF에 구제금융을 신청하게 되었다. IMF에서 550억 달러를 지원받아 급한 불은 껐지만 강도 높은 구조조정으로 인해 수많은 실직자가 발생했고, 금리가 치솟으면서 나라의 위기가 몇 년간 지속되었다. 우리나라 경제가 위기에 빠지면서 원·달러 환율도 엄청나게 치솟았다. 당시 원·달러 환율은 1,995원까지 올라서 2,000원에 육박하였는데, 이는 대한민국 정부가 수립된 이후 지금까지도 깨지지 않은 최고의 환율이다. 2008년 금융위기 때도 환율이 많이 올랐다고는 하나 고작(?) 1,600원 정도였던 것을 보면 1997년의 외환위기가 얼마나 심각했는가를 미루어 짐작할 수 있다.

외환위기로 인해 많은 국민이 한동안 힘든 시간을 겪게 되었는데 이는 스포츠카드 시장에도 심각한 타격을 주었다. 1996년에 800원 정도였던 환율이 1년 사이에 2,000원까지 오르면서 미국에서 수입되는 스포츠카드를 구매하기 위해서는 예전보다 2배 이상의 돈이 필요하게 되었다. 먹고 사는 것도 힘들어진 젊은 세대들은 취미에 들이는 비용부터 줄이기 시작했다. 용돈을 모아 스포츠카드를 사던 학생들의 용돈도 크게 줄거나 없어지는 경우가 많았기에 카드샵을 찾는 컬렉터들의 발걸음은 점차 뜸해지게 되었다. 지역을 가리지 않고 우후죽순 생기고 있었던 오프라인 카드샵들은 대부분 문을 닫았고, 정말 많은 컬렉터가 시장을 떠났다. 그 이후 한동안 우리나라의 스포츠카드 시장은 매우 쪼그라들게 되었다. 하지만 그런 어려운 상황에서도 스포츠카드 시장에 관심을 놓지 않고 있었던 소수의 컬렉터가 있었는데, 나도 그들 중 하나였다.

스포츠카드 투자의 시작, 스포츠 선수 분석

대학 시절을 거쳐 사회에 나오는 동안 스포츠에 대한 나의 사랑은 더욱 커져만 갔고, NBA뿐 아니라 점차적으로 MLB와 KBO에도 큰 관심을 가지게 되었다. 웬만한 선수들에 대한 정보는 줄줄 읊을 수 있는 정도였다. 심지어 좋아하는 선수들은 작년에 홈런을 몇 개 기록했는지도 외우고 있었다. 단순히 수집 목적을 넘어서 스포츠카드 투자에 눈을 뜬 것도 이때부터였다. 예전에는 스포츠카드를 모을 때 얼굴이 잘생기거나 플레이 스타일이 마음에 드는 선수의 카드를 별생각 없이 수집하고는 했었다. 하지만 스포츠에 대한 이해도가 높아지면서, 카드를 구매하기 전에 이 선수는 어떤 선수와 비슷한 유형인지, 신체 조건과 운동능력은 우수한지, 고등학교와 대학교 시절 성적은 어땠는지, 장기적으로 성공을 거둘 수 있을지 등을 진지하게 따져보는 버릇이 생겼다.

물론 처음부터 깊이 있는 분석을 하기는 쉽지 않았다. 그 시절에는 인터넷으로 찾을 수 있는 정보가 지금처럼 많지 않아서 양질의 정보를 취득하는 데 한계가 있었다. 선수들의 장단점을 기록한 스카우팅 리포트나 경기 기록은 영어로 된 뉴스 기사를 통해서나 확인할 수 있었다. 선수들의 외모나 신체 조건, 플레이

스타일 등은 하이라이트 영상을 보고 파악할 수 있었다. 공개된 정보 이외에 선수의 성향이라든지 팀 내에서의 입지 같은 것은 사실 확인하기가 어려웠다. 그러다 보니 처음에는 분석이라고 해 봐야, 'A 선수는 고등학교 3학년 때 홈런을 20개나 쳤으니, 메이저리그에서도 홈런 타자로 성장할 수 있을 거야'와 같은 간단한 예측이 전부였다. 이런 기초적인 분석이 전문가들의 눈에는 우스워 보일 수도 있겠지만 나에게 있어 이러한 과정은 스포츠를 관람하는 것에 더하여 상당한 재미를 가져다주었다. 그러다가 혹시나 내가 점찍은 선수들이 성장하는 모습을 보면 뿌듯하기도 했다.

한 번은 메이저리그 야구팀 중 하나인 피츠버그 파이어리츠의 어떤 선수가 너무 궁금했다. 그래서 나는 무작정 피츠버그 지역의 신문사 기자에게 이메일을 보내어 '내년에 이 선수가 1군에서 선발 투수로 활약할 수 있을까요?'라고 물었다. 이 기자는 뜬금없이 저 멀리 대한민국에서 날아온 이메일에 '조금 더 성장한다면 2~3년 뒤에는 가능하겠지만, 당장 내년에 1군에서 활약하기에는 무리가 있으리라 생각합니다'라고 친절한 답변을 보내줬었다.

스포츠카드 투자의 놀라운 수익률

스포츠카드의 역사는 아주 오래되었지만, 스포츠카드가 처음부터 투자의 수단이자 가치 있는 자산으로 인정받은 것은 아니다. 과거에는 투자 목적으로 스포츠카드를 구매하는 사람들보다는 단순 수집을 위해 구매하는 경우가 대부분이었다. 자기가 응원하는 프로스포츠팀 선수들의 카드나 유명한 인기 스타들의 카드를 구해서 소중하게 보관하거나 전시하기 위함이었다. 그런데 이렇게 수집한 카드들이 시간이 지나서 그 희소성을 인정받아 점점 비싼 가격으로 거래되기 시작하였고, 스포츠카드는 어느새 투자 자산의 한 종목으로 완전히 자리 잡았다.

스포츠 팬들은 본인이 좋아하는 스포츠 스타의 카드를 구매하기 위해 지갑을 여는 것을 자연스럽게 생각하게 되었다. 레전드 스타들의 희귀한 카드는 나날이 신고가를 경신하며 새로운 기록을 쓰고 있다. NBA의 마이클 조던이나 MLB의 미키 맨틀 Mickey Mantle처럼 그 종목을 대표하는 선수일수록 이런 가치 상승은 뚜렷하게 드러난다. 인기 카드의 경매 낙찰가는 억 단위를 가볍게 넘어서는 수준이다.

이렇게 가치 있는 대체 투자 자산으로 발돋움한 스포츠카드는 전통적인 투자 자산과 비교해도 압도적인 수익률을 보여준다. 2008년에 미국 S&P500 지수에 투자했을 경우 2022년까지의 투자수익률은 175% 정도다. 반면 미국 스포츠카드 경매 사이트에서 인기 스포츠카드 500종의 경매 낙찰액을 기준으로 발표하는 PWCC500 지수의 경우, 2022년까지의 투자수익률이 무려 855%에 달한다. 이는 꾸준히 우상향하고 있는 미국 주식시장의 수익률을 한참 뛰어넘고 있어 매우 흥미로운 결과가 아닐 수 없다.

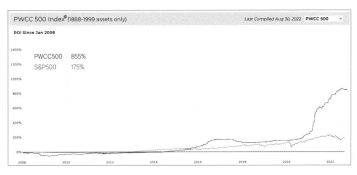

➔ S&P500 지수를 앞서는 성과를 기록한 PWCC500 지수
출처 : PWCC 웹사이트 캡처

S&P500 지수가 미국의 500대 기업을 대상으로 하는 것처럼, PWCC 500이라는 지수는 1888년부터 1999년까지 발행된 빈티지 카드 중에서도 최고의 카드 500종을 대상으로 측정하기 때

문에, 각 카드들은 희소성과 그 가치가 매우 높은 편이다. 지금 여러분이 스포츠카드 투자에 뛰어든다고 해서 이런 고가의 카드를 구매해 당장 큰 수익을 거두는 것이 쉬운 일은 아니다. 하지만 프로스포츠의 세계에서는 앞서 언급했던 킬리안 음바페처럼 젊고 잠재력이 무한한 스타들이 매년 등장하고 있다. 장기적인 안목으로 젊은 스타들에 투자한다면 적은 투자 비용으로 리스크를 최소화한 투자가 가능하다. 일반적으로 스포츠카드의 가격은 선수의 성장에 따라 완만히 우상향하는 모습을 보인다. 혹시라도 내가 투자한 유망주가 리그를 지배하는 슈퍼스타로 성장한다면 기대 이상의 큰 수익을 가져다줄 수 있을 것이다.

2장

조선 시대부터 존재했던
스포츠카드의 긴 역사

스포츠카드는 언제부터 발행되기 시작했을까? 최초의 스포츠카드를 찾기 위해서는 무려 150년 이상을 거슬러 올라가야만 한다. 스포츠 선수들의 사진이 들어간 최초의 스포츠카드는 1860년대에 미국 브루클린에 위치한 야구팀 브루클린 아틀란틱스가 선수들의 사진을 넣어 제작해서 팬들에게 나누어 주었던 visiting card였다고 알려져 있다. 1860년대라니! 1860년대라면 우리나라에서 철종의 뒤를 이어 고종이 왕위에 오르고, 나이 어린 고종을 대신해 흥선대원군이 나라를 본격적으로 통치하기 시작하던 때였다. 흥선대원군이 쇄국 정치를 펴기 시작하던 그때, 태평양 건너 미국에서는 야구 카드가 인쇄되고 있었다니 제법 놀라운 일이 아닐 수 없다.

브루클린 아틀란틱스의 visiting card가 발행된 이후, 미국에서는 사진 기술이 발달하면서 선수들의 사진을 담은 종이 카드도 점점 늘어났다. 1880년대에 들어서자 이제 본격적으로 스포츠카드라고 불릴 만한 형태의 카드가 나오기 시작했다.

지금은 다양한 브랜드의 스포츠카드가 비싼 가격에 판매되고 있지만, 처음 제작된 스포츠카드는 그 자체로 판매 상품이 아니었다. 초기에는 상점에서 물건을 구매하는 사람들에게 덤으로 제공하여 구매를 유도하기 위한 목적으로 제작되었다. 한동안 대한민국을 강타했던 포켓몬 빵에 들어있는 포켓몬 스티커를 떠올려 보자. 그 스티커를 얻기 위해 사람들은 새벽부터 대형마트 앞에 길게 줄을 서서 오픈런을 했다. 게다가 어렵게 구한 빵과 스티커가 일정한 프리미엄이 붙은 높은 가격에 다시 거래되기도 하였다. 야구 선수들의 사진을 담은 초창기의 스포츠카드는 포켓몬 빵 안에 든 포켓몬 스티커와 같은 역할이었다.

담배 회사의 신박한 마케팅, 야구 카드

판촉 효과를 노리고 스포츠카드를 이용한 프로모션을 처음으로 시작한 회사는 놀랍게도 담배 회사였다. 많은 회사 중에서 왜 담배 회사에서 스포츠카드를 먼저 만들기 시작했을까? 담배 회사에서는 흡연을 즐기는 성인 남성 중 상당수가 스포츠도 좋아한다는 나름의 빅데이터 분석을 통해 프로모션을 한 것이었다. 이는 타겟을 정확하게 겨냥한 아주 참신한 마케팅이었다. 그리고 그 시절의 담배들은 필터나 포장이 완벽하지 않아서 야구 카드를 함께 넣음으로써 담배 자체가 손상되지 않도록 보호하기 위한 목적도 있었다고 전해진다.

1900년대에 접어들자 미국에서 야구의 인기는 더욱더 높아졌고, 야구 카드의 인기도 덩달아 올라갔다. 야구 선수들의 사진이 담겨 있는 야구 카드를 얻기 위해 아이들은 담뱃가게 앞에 줄을 서기도 했다. 나이가 어려서 담배를 살 수는 없었지만, 가게에 들어간 어른들이 담배를 사서 나올 때면 어떤 선수의 카드가 나왔는지 확인하기 위함이었다. 혹시라도 담배를 산 어른이 야구에 별로 관심이 없어 야구 카드를 버리고 가면 기다리고 있다가 얼른 주워가기도 했다고 한다.

미국 담배 회사 중 하나였던 아메리칸 토바코 컴퍼니American Tobacco Company도 프로모션을 위해 야구 카드를 제작하여 담배 안에 넣어 판매하였는데, 1909년에는 'T206 White Border Set'

라는 카드 세트를 출시하기에 이른다. 이 카드 세트는 하얀 테두리의 배경 안에 선수들의 사진이 인쇄된 깔끔한 디자인으로 큰 호평을 받았다. 그러다 뒤에 설명할 한 장의 카드로 인해 크게 주목을 받았으며, 이제는 스포츠카드 투자를 이야기할 때 반드시 언급되는 중요한 세트이다.

한편, 전성기를 누리던 담배 회사의 야구 카드는 1차 세계대전과 2차 세계대전이 차례로 발발하면서 카드를 제작할 종이 부족으로 생산이 대부분 중단되었다. 이후에는 캐러멜 회사 등에서 제작을 한 적도 있으나, 본격적으로 수면 위로 다시 올라오게 된 것은 세계대전이 끝난 뒤였다.

바우만과 탑스의 버블 껌 전쟁, 탑스의 승리

필라델피아에서 껌 판매를 하던 제이콥 워렌 바우만은 껌 시장이 커질 것으로 예측하고, 직접 바우만Bowman Gum Company이라는 껌 회사를 설립하게 된다. 바우만은 아주 빠른 속도로 성장하며 곧 60%가 넘는 시장 점유율을 자랑하게 되었다. 바우만에서는 더 높은 시장 점유율을 위해 과거 담배 회사에서 그랬던 것처럼 야구 카드를 제작해 풍선껌과 함께 판매하려는 구상을 하였다. 그리고 2차 세계대전이 끝난 뒤 바우만은 본격적으로 야구 카드 세트를 발행하게 된다. 1948년에 발행된 바우만의 야구 카드 세트는 큰 인기를 끌었고, 이후 몇 년간은 바우만이 야구 카드 시장을 독점하다시피 했다. 물론 지금에 이르기까지 바우만 브랜드의 카드 세트는 매년 출시되고 있다. 이렇게 오래된 역사로 인해 야구 종목에서는 바우만 브랜드로 출시되는 카드는 근본 있는 세트로 인정받고 있다.

하지만 탑스Topps라는 껌 회사도 야구 카드를 만들어 후발주자로 시장에 진입하려는 계획을 세운다. 이후 1951년 야구 카드를 출시하며 바우만과의 경쟁을 본격적으로 시작하고, 기존 바우만의 인기 카드를 능가할 수 있는 카드를 만드는 데 총력을 기울인다. 탑스는 고심 끝에 1952년, 기존 야구 카드보다 큰 사이즈인 가로 6.67cm, 세로 9.53cm의 카드를 제작하게 된다. 이는 놀라운 결과를 불러일으켰다. 앞면에 들어가는 선수들의 사진을 기존보다 더 크고 선명하게 인쇄할 수 있게 되었고, 넓어진 뒷면에 선수들의 개인적인 정보와 함께 선수 기록까지 인쇄할 수 있게 되어 야구 팬들의 수집욕구를 자극한 것이다. 1952 탑스 야구 세트는 스포츠카드가 갖춰야 할 조건을 모두 갖추었다고 평가받으며, 이후 발행된 스포츠카드들은 이 기준을 따르게 되었다.

바우만과 탑스 두 회사는 몇 년간 야구 카드 시장을 장악하기 위해 피 터지는 싸움을 벌였다. 인기 스타들과 독점 계약하기 위해 노력하였으며 서로 간에 법적인 소송도 불사하며 경쟁한 것이다. 이 전쟁은 결국 시장 점유율에서 앞서게 된 탑스의 승리로 끝나게 된다. 1956년에는 탑스가 20만 달러를 주고 바우만 회사와 합병을 이룬다. 이후 1980년대까지 25년 이상 탑스는 거의 독점적으로 스포츠카드를 발행하게 된다.

스포츠카드 춘추전국시대, 그리고 파니니의 등장

하지만 1980년대 플리어Fleer와 돈러스Donruss같은 라이벌 스포츠카드 회사들이 탑스의 시장 독점을 막기 위해 소송을 제기하였다. 법원에서 이를 받아들였고, 그 이후부터는 다양한 회사에서 스포츠카드를 생산하게 되었다. 이러한 춘추전국시대는 2010년 전까지 계속 이어져 왔다.

내가 본격적으로 스포츠카드 수집을 시작했을 무렵이 바로, 이렇게 다양한 회사들을 접할 수 있는 시기였다. 한 선수의 카드가 매년 탑스, 플리어, 돈러스, 어퍼덱Upperdeck 등 다양한 회사에서 발매되어 수집하는 재미가 쏠쏠했다. 탑스에서는 자체 브랜드의 카드뿐 아니라 본인들이 합병한 바우만의 브랜드를 이용해서도 야구와 농구 카드를 발행하고 있었기 때문에 정말 다양한 카드들을 만나볼 수 있던 상황이었다.

한편 유럽에서는 이탈리아의 파니니Panini라는 스포츠카드 회사가 유명세를 떨치고 있었다. 유럽은 미국과 달리 축구가 가장 인기 있는 스포츠였기에, 파니니에서는 축구 카드를 주로 만들곤 했다.

과거 카드샵에서 파니니에서 제작한 축구 카드를 접할 일이 몇 번 있었다. 사실 2000년대 초반만 해도 파니니에서 제작한 스포츠카드는 미국에서 생산되는 스포츠카드의 디자인이나 디테일을 잘 따라오지 못했던 것으로 기억한다. 다소 투박한 디자인, 촌스러운 폰트, 내 기억에는 만듦새가 그다지 좋지 않은 변방의 축구 카드였다.

하지만 미국 시장을 점령하기 위해 칼을 뽑아 든 파니니는 공격적인 행보를 보이기 시작했다. 파니니 아메리카Panini America를 설립하고 기존 미국의 스포츠카드 회사 중 하나인 돈러스를 인수한 것이다. 2009년에는 NBA와의 계약을 통해 선수들의 라이선스를 획득하여 농구 카드를 독점 생산하기에 이르렀으며, 돈러스가 갖고 있던 NFL 라이선스도 물려받아 풋볼 카드도 생산하게 된다. 기존 카드 회사를 인수하면서 디자인과 노하우도 많이 쌓여서 파니니 브랜드로 제작되는 카드의 질도 점점 좋아지기 시작했다.

1960~1980년대에 이르기까지 탑스의 시대가 있었던 것처럼 2010년 이후 현재까지는 파니니의 시대라고 할 수 있다. 파니니는 최근 UFC와 잉글랜드 프리미어 리그의 라이선스까지 획득하여 스포츠카드 시장을 지배하고 있다.

빠르게 변화하는 스포츠카드 시장

이렇게 파니니의 독주가 지속되면서 전반적인 스포츠카드 시장을 파니니가 독점하는가 했지만, 시장은 또다시 새로운 변화를 앞두고 있다. 스포츠웨어와 용품을 온라인으로 판매하는 회사인 파나틱스Fanatics에서 2021년 천문학적인 금액을 쏟아부어 탑스가 가지고 있던 MLB의 라이선스와 파니니가 가지고 있던 NBA, NFL 등 많은 종목의 독점 라이선스를 획득한 것이다. 아마도 2025년 이후에는 파나틱스에서 출시하는 제품들이 시장을 주도할 것으로 예상되고 있다. 아직 확정된 것은 아니나, 파나틱스에서는 바우만이나 탑스, 파니니에서 출시하던 인기 있는 브랜드들을 없애지 않고 그대로 활용하여 제품을 출시할 가능성도 있다고 알려졌다.

과거 휴대전화 시장에서 강자로 군림하던 노키아가 한순간에 역사의 뒤안길로 사라지고, 삼성전자의 갤럭시 시리즈가 안드로이드 스마트폰 시장의 새로운 강자로 등장했듯이 자본주의 사회에서는 기업들끼리 치열한 경쟁을 하면서 시장의 구도가 자주 바뀌곤 한다. 스포츠카드 시장 또한, 아낌없이 투자를 하며 시장의 흐름을 잘 파악하는 회사들이 살아남을 것임을 알 수 있다.

3장

강남 아파트 vs 마이크로소프트 주식 vs 스포츠카드, 누가 이겼을까

앞에서 스포츠카드가 무엇인지, 어떤 역사를 가졌는지 최대한 간략하게 설명했다. 스포츠카드를 이해하기 위해 반드시 필요한 부분이었지만 마음이 급한 독자분들은 '그래서 스포츠카드 투자로 돈을 어떻게 벌 수 있다는 거야?'라는 궁금증이 커지고 있을 것이다.

낯설게 들릴 수도 있지만, 스포츠카드 투자는 주식, 부동산 투자와 유사한 점이 아주 많다. 나는 개인 블로그를 통해 부동산 투자에 관한 포스트를 종종 올리고 있는데, 부동산 투자에서 내가 강조하는 부분은 첫 번째가 좋은 입지이며, 두 번째가 수요와 공급이다.

여기 서울, 그중에서도 강남에 한강이 시원하게 내려다보이는 아파트가 있다고 한번 생각해보자. 이 아파트는 단지 내에 초등학교를 품고 있으며, 걸어서 대학병원과 학원가를 이용할 수 있다. 그뿐 아니라 더블 역세권으로 교통도 편리하고, 지어진 지 얼마 되지 않은 브랜드 신축 아파트다. 그렇다면 이곳의 입지는 몇 점일까? 서울 시내에서도 이처럼 모든 조건을 잘 충족하는 경우는 찾기 어려우므로 이 아파트는 희소성 있는 입지를 가졌다고 판단할 수 있다. 또한 서울에서 이렇게 좋은 입지는 일반적으로 대규모 신규 공급이 어렵다. 반면 이런 아파트에서 살고 싶어 하는 사람의 숫자는 항상 넘쳐나기 때문에 수요가 항상 공급을 앞선다고 볼 수 있다.

부동산 투자를 할 때, 이 같은 우량 자산을 선택한다면 투자에 실패할 가능성은 상당히 낮다. 이렇게 희소가치가 높은 아파트의 가격은 경제 상황에 따라 일시적인 조정을 겪을 수는 있으나, 장기 보유할 경우 인플레이션을 반영하여 지속적으로 우상향하게 될 것이기 때문이다. 좋은 자산이라면 인플레이션을 단순히 따라가는 것에 그치지 않고 가격이 더 오르게 되어 해당 자산의 가치는 유지되거나 더 커지기 마련이다.

스포츠카드 투자에도 수요와 공급은 핵심 요소

스포츠카드에서는 선수의 인기와 실력, 잠재력이 부동산의 입지와 같은 역할을 한다. 그래서 스포츠카드 투자를 고려할 때, 가장 먼저 살펴야 하는 것은 카드 속 선수의 가치이다. 마이클 조던같이 완성된 커리어를 가진 레전드 스타들의 카드는 수요가 많아 비싼 가격에 거래가 이루어진다. 젊은 선수 중에서도 높은 잠재력을 가지고 있는 스타들은 데뷔할 때부터 큰 기대를 모으기 때문에 수요가 꾸준하다.

그렇다면 인기 있는 선수의 카드는 아무 카드나 사도 될까? 스포츠카드를 투자할 때는 수요뿐 아니라 카드의 공급량도 반드시 확인해야만 한다. 아파트와 달리 스포츠카드는 제조사가 마음만 먹는다면 얼마든지 인쇄할 수 있다. 만약 제조사의 실수로 마이클 조던의 멋진 사진이 담겨 있는 카드가 100만 장 정도 발행이 되었다고 가정해 보자. 100만 장이면 전 세계에 있는 마이클 조던 팬들이 카드를 한 장씩 나눠 가진다고 해도 남을 수밖에 없다. 그렇게 되면 제아무리 마이클 조던이라고 할지라도 그 카드의 거래가격은 매우 낮아질 것이다. 이처럼 공급량으로 인해 발생하는 희소가치의 변화는 스포츠카드 투자에 있어서 매우 중요한 요소이다. 물론 스포츠카드 회사에서는 이 부분을 잘 인지하고 있기 때문에, 스포츠카드에 희소가치를 부여하여 생명력을 불어넣으려는 노력을 끊임없이 한다.

그리고 때로는 스포츠카드 공급에 문제가 생겨 의도치 않게 높은 가치를 가진 스포츠카드가 생겨나기도 한다. '스포츠카드계의 모나리자'로 불리는 대표적인 스포츠카드 한 장의 이야기를 통해서, 스포츠카드 투자의 숨겨진 매력과 놀라운 투자 수익에 대해 알아보겠다.

메이저리그 No.1 유격수, 호너스 와그너

스포츠카드에 관심이 전혀 없던 사람이라도 신문이나 인터넷을 통해 한 번쯤 들어봤을 법한 호너스 와그너Honus Wagner 선수는 '플라잉 더치맨The Flying Dutchman'이라는 별명을 가진 메이저리그 선수였다. 선수 생활의 대부분을 피츠버그 파이어리츠 팀에서 뛰었던 그는 유럽 출신이라는 이유와 엄청나게 빠른 스피드로 인해 위와 같은 멋진 별명을 얻게 되었다. 타격보다 수비가 중요한 유격수 포지션에서 뛰었지만, 다른 포지션의 선수들을 모두 압도하는 실력을 보이며 수비뿐 아니라 타격에서도 리그 최고의 성적을 거두었다. 내셔널리그에서 타격왕을 8번, 도루왕을 5

번 차지했을 정도다. 현재까지 깨지지 않은 타격왕 8회라는 내셔
널리그 신기록은 1997년에 토니 그윈이 8번째 타격왕을 차지해
겨우 공동 1위로 올라서기 전까지는 호너스 와그너 혼자 가지고
있었다.

또한 호너스 와그너는 MLB 명예의 전당에 최초로 헌액된 5
명 가운데 한 명인데, 그와 함께 명예의 전당에 입성한 다른 4명
의 선수는 타이 콥Ty Cobb, 베이브 루스Babe Ruth, 월터 존슨Walter
Johnson, 크리스티 매튜슨Christy Mathewson이었다. 크리스티 매튜
슨은 자신이 상대했던 수많은 타자 중, 유일하게 약점이 없는 타
자로 호너스 와그너를 꼽았다. 실제로 야구 선수들의 장단점을
기록하는 스카우팅 리포트에 의하면 그의 장점은 타격, 주루, 수
비, 송구라고 되어 있으며 단점은 '없다(None)'라고 쓰여 있기도
하다.

스포츠 전문 매체인 ESPN에서 2016년 발표한 'All Time
Greatest Shortstops' 랭킹에서도 호너스 와그너는 전설적인 선
수들을 모두 제치고 전체 1위에 오르는 기염을 토했다. 이 랭킹
에 올라간 다른 선수들을 확인해 보면 2위는 알렉스 로드리게스
Alex Rodriguez, 4위는 칼 립켄 주니어Cal Ripken Jr., 5위는 데릭 지
터Derek Sanderson Jeter 등으로, 어마어마한 선수들이 와그너의 뒤
에 자리하고 있음을 알 수 있다.

세계를 놀라게 한 스포츠카드의 탄생 비화

앞서 스포츠카드의 역사에서 등장한 담배 회사인 아메리칸 토바코 컴퍼니에서 1909년에 발행했던 T206 White Border Set에는 최고의 스타 중 한 명이었던 호너스 와그너의 카드도 포함되어 있었다.

이 세트에는 약 320명 정도의 야구 선수가 등장한다. 판매되는 담뱃갑마다 이 선수들의 카드가 랜덤하게 들어가는 구성이었는데, 담배가 소모품이다 보니 미국 전역에서 지속적으로 담배가 소비되는 이상 선수들의 카드 발행 수량도 점점 늘어날 수밖에 없었다. 앞서 말했듯 카드의 수량이 많아지면 가치가 떨어지는 것이 일반적이다. 실제로 카드 그레이딩 회사인 PSA의 홈페이지에서 확인한 결과, 1909 T206 세트에 속한 카드는 모두 26만 장이 넘었다. 이 결과는 PSA를 통해 인증받은 경우만 포함한 것으로, 집에 소장만 하고 있거나 다른 회사를 통해 인증받은 경우는 제외되어 실제로는 더 많은 카드가 세상에 존재한다고 봐야 한다.

단순 계산으로 봐도, 선수 한 명당 최소 천장에서 수천 장에 달하는 카드가 존재하고 있음을 알 수 있다. 그러나 다른 선수들의 카드가 많은 수량이 발행되었던 것과는 달리, 유독 호너스 와그너의 카드는 매우 적은 수량만 존재한다. PSA 홈페이지에서 확인한 결과, PSA 인증을 받은 호너스 와그너의 카드는 고작 36장이다. 이 회사에서 인증하지 않은 카드까지 고려해도 전 세계적으로 50장에서 100장 사이의 카드만 존재할 것이라고 예상된다.

호너스 와그너 선수의 카드가 이렇게 적은 수량만 존재하는 이유는 선수 본인의 요청으로 인해 카드 생산이 갑자기 중단되었기 때문이다. 호너스 와그너는 본인의 카드 발행이 시작되고 얼마 되지 않아 회사 측에 자신의 카드를 더는 만들지 말라는 요청을 했다. 이런 요청을 하게 된 원인으로는 호너스 와그너가 본인 사진이 담뱃갑에 들어가면서 어린이들이 본인의 카드를 구하기 위해 담배 사는 것을 꺼렸기 때문이었다는 설도 있고, 단순히 카드 제작으로 인한 보상이 만족스럽지 않았기 때문이었다는 설도 있다.

그러다 보니, 실제로 세상에 나온 호너스 와그너의 T206 카드는 채 100장이 되지 않았다. T206 White Border Set 자체도 매우 오래되어 스포츠카드의 고전이자 역사의 한 장을 담당하고 있는 의미 있는 세트이다. 그런 세트에 포함된 스타 선수(타격왕을 8번이나 차지하고 훗날 명예의 전당에 오르기까지 한)의 카드 수량이 극히 적다면 수집가들로서는 구미가 당길 수밖에 없다. 결국 이 카드는 지속적으로 역사를 써나가기에 이른다.

잘 고른 스포츠카드 하나, 타 투자 상품 부럽지 않다

시간을 거슬러 올라가 2000년 즈음에 서울 강남구 대치동에 위치한 은마아파트에 투자했다고 한번 가정해보자. 대치동을 대표하는 은마아파트는 4,424세대의 대단지로, 최근 재건축 계획안이 서울시 도시계획위원회 심의를 통과하였다. 아직도 많은 시간이 필요하겠지만, 재건축이 성공적으로 끝나게 된다면 대치동의 분위기를 완전히 바꿔놓을 수 있는 주목할 만한 아파트이다. 2000년 당시 2억 원 남짓이었던 은마아파트 33평형 한 채는 현재 20억 가까이 거래되고 있다. 약 20년 동안 10배 가까운 상승을 한 것이다.

똑같은 시기에 미국 주식시장에서 시가총액 1위를 달리고 있던 빌 게이츠의 마이크로소프트에 투자했다면 지금 어느 정도의 이익을 거두었을까? 2000년 말 마이크로소프트 주식은 주당 가격이 22달러 정도였으며, 2023년 1월 기준으로는 230달러 정도의 가격을 형성하고 있다. 마이크로소프트 주식 또한 대략 10배 정도 상승한 셈이다.

한편 같은 기간 코스피 지수는 600에서 2400까지 약 4배 정도의 상승을 보였고, 인플레이션으로 인한 물가 인상을 체감할 수 있는 지표인 최저임금은 2000년 1,600원에서 2023년 9,620원까지 6배 정도의 상승을 나타냈다. 은마아파트와 마이크로소프트 주식의 투자 사례는 모두가 선호하는 우량 자산이 인플레이션을 가볍게 이겨낸 좋은 사례라고 할 수 있을 것이다.

그런데 만약 2000년에 한 투자자가 T206 호너스 와그너 카드에 투자했다면 어떻게 되었을까? 처음 출시되었을 때, 고작 10센트 정도의 담배를 구매하면 덤으로 나오곤 했었던 이 카드는 1933년에 50달러 정도에 거래되며 스포츠카드 역사에서 가장 비싼 카드라는 타이틀을 달기 시작했다. 심지어 그 가격은 세월이 흐르면서 지속적으로 우상향을 하고 있다.

2000년에는 7만 5천 달러에 거래되어서 사람들을 놀라게 했었는데, 2008년에는 그 신기록을 깨고 31만 7,250달러를 기록하였다. 2013년에는 골딘 옥션Goldin Auction이라는 유명 경매에 출품되어 210만 5,770달러에 낙찰되었다. 이때 골딘 옥션을 통해 카드를 낙찰받은 낙찰자는 2016년에 다시 같은 경매에 카드를 출품했고, 이번에는 312만 달러에 낙찰되기에 이른다. 불과 3년

만에 10억 원 이상의 시세차익을 거둔 셈이다. 가장 최근의 기록은 2022년 8월에 있었던 개인 간의 거래인데, 무려 725만 달러라는 고가에 거래되었으며 이는 지금까지도 스포츠카드 역사상 가장 고가의 거래로 알려져 있다. 725만 달러라니, 머리에 잘 와닿지 않는 숫자인데 환율 1,300원으로 계산하면 94억 2,500만 원이라는 어마어마한 가격이다.

만약 2000년에 약 9천만 원에 이 카드를 구매했던 투자자가 지금까지 보유했다고 가정했을 경우 그는 100배가 넘는 투자 수익을 올렸을 것이다. 호너스 와그너 카드는 이처럼 소장 가치를 가진 스포츠카드가 우량한 투자 자산으로 인정받을 수 있음을 확인시켜 준 좋은 사례라고 할 수 있다.

4장

다양한 수집품 투자 중
왜 스포츠카드인가

대체투자alternative investment는 전통적인 투자 상품인 주식이나 채권, 부동산이 아닌 다른 자산에 투자하는 경우를 일컫는다. 사모펀드나 헤지펀드, 원자재나 선박 등에 투자하는 것도 대체투자이며, 소장 가치가 있는 수집품에 투자하는 것도 대체투자의 한 종류이다. 투자를 할 수 있는 수집품의 종류는 매우 다양하다. 미술품, 와인, 위스키, 자동차, 운동화, 만화책, 장난감 등 많은 자산이 대체투자 자산으로 인정받고 있으며 실제 거래도 활발하게 일어나고 있다. 최근에는 기존의 수집품 외에 대체불가 토큰Non-Fungible Token, NFT도 발행되어 소장 가능한 대체투자 자산으로 분류되고 있다.

수집품 중에서도 희소가치가 있거나 구하기 어려운 물건들이 투자 가치가 있는 자산으로 인정받는다. 네이버가 '나이키매니아'라는 카페를 인수해 운동화 리셀 사이트인 크림KREAM을 키워낸 것도 운동화를 비롯한 수집품들의 가치가 지속적으로 상승할 것이며, 투자를 하려는 사람들이 늘어나게 되어 플랫폼이 성공할 것이라는 확신이 있었기 때문이다. 실제로 크림의 2022년 연간 거래액은 1조 4천억 원에 육박할 정도로, 빠른 성장을 보인다. 또한 미술품을 이용한 재테크인 아트테크도 많은 사람의 관심을 받고 있으며, 싱글몰트 위스키가 중심이 되는 위스키 투자도 뜨거운 상황이다. 이와 같은 수집품 투자는 보통 투자 포트폴리오를 다변화하기 위한 목적으로 이루어지는데, 그렇다면 이렇게 많은 수집품 중에서 우리가 스포츠카드에 주목해야 하는 이유는 무엇일까?

수집품 투자 시 고려해야 하는 4가지

수집품을 투자 목적으로 구입하기 전 반드시 확인해야 하는 것은 ① 진품이 확실한지? ② 희소가치가 높은 물건인지? ③ 상태는 좋은지? ④ 내가 구매한 뒤 보관하기는 어렵지 않은지? 정도다. 만약 내 돈을 들여 투자하려고 할 때 이 부분이 확인되지 않는다면 투자가 망설여질 수밖에 없다. 부동산 계약서를 쓰기 전, 등기부등본상에 별다른 문제가 없이 깨끗한지를 가장 먼저 확인해야 하는 것처럼 수집품에 투자할 때도 최소한의 확인 절차가 필요하다. 미리 얘기하면 스포츠카드는 다른 수집품들과 비교했을 때 진품 여부, 희소가치, 현재 상태를 확인하기가 쉬우며 보관이나 유지에 대한 비용과 스트레스가 가장 적게 발생한다.

스포츠카드는 진품 여부 확인이 쉽다

진품과 가품을 판단하는 것은 수집품 투자의 시작과도 같다. 황정민 배우가 열연했던 넷플릭스 드라마 〈수리남〉에서는 전요환 목사(황정민 배우)가 콜롬비아의 마약 밀매상들의 환심을 사기 위해 박지성 선수의 사인이 들어간 축구공과 유니폼을 선물하는 장면이 나온다. 사실 그 사인은 데이비드 박(유연석 배우)이 새 축구공에다가 비슷하게 위조하여 만든 가짜였다. 이 드라마에서처럼 선물로 받은 것이 아니고, 만약 자신이 실제로 돈을 내고 구매한 물건이라고 하면 그냥 웃어넘기긴 어려운 상황이다. 수집품은 간단하게 진품 여부를 확인할 수 있어야 한다. 만약 누군가가 박지성 선수의 친필 사인이 들어간 축구공을 팔겠다고 한다면, 그 사인이 진짜 박지성 선수의 사인인지 어떻게 알 수 있을까? 사실을 확인하기는 거의 불가능에 가깝다. 사인을 비슷하게 위조하는 것이야 어렵지 않으며, 조금 달라 보인다고 해도 편평한 종이가 아닌 둥그런 축구공에 사인하느라 그런 것이라고 하면 그만이다. 실제로 박지성 선수를 찾아가서 '혹시 이 공에 사인을 직접 하셨습니까?'라고 물어본다 한들 박지성 선수가 지금까지 사인한 수많은 축구공을 일일이 기억할 리 없다. 그래서 사인이 들어간 야구공이나 축구공 등 개인적인 수집품을 거래하는 경우에는 그 사인을 받는 순간의 사진이나, 사인받은 물건을 들고 선수와 함께 찍은 인증샷을 보여주는 일도 종종 있다. 그러면 이 사람이 실제로 선수를 만나 사인을 받았다는 것은 사실이므로 신뢰도가 꽤 높아진다. 하지만 만약 정말 나쁜 마음을 먹었다면 진품은 자신이 보관하고 가품을 대량으로 생산하여 팔아넘기고 있을지도 모르기에 이 또한 100% 믿을 수는 없다.

스포츠카드는 매년 다양한 브랜드에서 발행되며, 각 회사의 노하우가 담긴 독창적인 디자인으로 제작된다. 사용하는 종이의 재질도 브랜드마다 차이가 있다. 그래서 특정 카드를 완벽하게 똑같은 재질과 형태로 위조한다는 것은 어렵다. 또한 스포츠카드에 선수들의 친필 사인이나 경기에 사용되었던 유니폼 조각 같은 것이 들어갈 때는 선수들과의 라이선스 계약을 통해 회사에서 직접 카드에 사인받고, 유니폼을 받아 제작하기 때문에 믿고 거래를 할 수 있는 배경이 된다.

희소가치와 상태를 확인하는 그레이딩

게다가 스포츠카드의 상태를 감정해 주는 카드 그레이딩이라는 표준화된 가치 측정 방법이 보편적으로 사용되면서, 진품 여부를 확인할 수 있을 뿐 아니라 같은 카드가 대략 몇 장이나 시장에 존재하고 있는지까지 체크할 수 있게 되었다. 같은 선수의 카드라고 해도 카드의 발행 수량이 적을수록 가치가 높아지기 때문에, 투자 전에 희소가치를 확인하는 것은 반드시 필요하다.

또한 카드 그레이딩은 엄격한 기준에 따라 카드의 상태를 등급화하여 제공하므로 구매하려는 카드를 직접 보지 않더라도 카드의 상태를 대략 짐작할 수 있다. 카드 그레이딩은 쉽게 설명하자면 마치 우리가 한우를 구분할 때 1+(원플러스), 1++(투플러스) 등으로 한우의 등급을 나누는 것을 떠올리면 이해하기 쉬울 것이다. 이후 카드 그레이딩을 소개할 때 자세히 설명할 예정이지만,

그레이딩은 취미 단계에 머물고 있던 스포츠카드를 본격적인 투자의 세계로 끌어올리는 데 중요한 역할을 하기도 했다.

보관이 쉽고 유지비용이 적게 든다

마지막으로 수집품 투자를 할 때 가장 신경 써야 하는 부분은 수집품을 잘 보관하여 최초의 상태가 변하지 않도록 하는 것이다. 보관이 간단해야 함은 물론이고, 공간도 적게 차지하는 것이 좋으며 최상의 상태를 유지하는 데 비용이 적게 들수록 유리하다.

미술품의 경우 원본 자체를 오랫동안 변하지 않도록 유지하는 데 상당히 신경을 써야 한다. 외부에 전시했다가는 습기, 햇빛에 노출되어 의도치 않은 훼손의 가능성이 있다. 와인의 경우에도 보관을 잘못할 경우 맛이 변하거나 손상되는 일이 발생할 가능성이 있는데 이를 막기 위해 저장에 필요한 장비를 추가로 갖춘다면 유지비용이 부담될 수 있다. 만약 올드카 같은 자동차 실물에 투자한다고 생각해보자. 아파트에 따라 주차 전쟁이 일어나기도 하는 우리나라에서 과연 올드카를 어디에 보관할 것인가? 문콕 당해서 가치가 하락하기라도 한다면? 수집품 중에는 이렇게 실제로 보관이 어렵거나 크게 주의를 기울여야 하는 자산들이 많다. 반면 스포츠카드는 무게가 가볍고 부피가 작아서 비교적 쉽고 안전하게 보관할 수 있다. 특히 케이스 안에 밀봉하여 보관하는 경우에는 카드가 손상될 가능성이 매우 희박하다.

높은 성장 가능성

우리가 스포츠카드에 주목해야 하는 또 하나의 이유는 높은 성장 가능성을 꼽을 수 있다. 아무리 투자 방식과 보관이 쉽다고 하더라도, 투자의 관점에서 접근한 이상 기대 수익률이 너무 낮다면 의미가 없다. 영국에 본사를 둔 글로벌 리서치 기업인 테크나비오Technavio에서 최근 발간한 보고서에 따르면, 스포츠카드 시장의 규모는 2022년에서 2026년까지 67.1억 달러 규모의 성장을 할 것으로 예상된다. 보고서에서는 시장의 성장이 북미 지역에 국한되지 않고, 오히려 유럽에서 더 큰 성장을 보일 것이라고 내다봤다. 이러한 예상처럼 스포츠카드 시장이 매년 13.16%에 달하는 성장을 기록한다면 이미 시장에서 좋은 평가를 받고 있었던 인기 스타들의 카드 가격도 함께 우상향하게 될 것이다. 여기서 한 걸음 더 나아가 아직 숨겨져 있는 스타들을 발굴해 투자한다면 작은 예산으로도 큰 수익을 기대해볼 수 있을 것이다. 어떤가, 조금 더 깊이 알아보고 싶은 욕심이 생기지 않는가?

PART

2

투자하기 전,
반드시
알아야 하는 것들

1장

스포츠카드 투자는
스타의 잠재력에 투자하는 것

벌써 10년도 더 지났지만, 결혼을 준비했던 시간은 내 기억 속에 아직도 생생하게 남아 있다. 사회에 나와서 열심히 일만 하면서 살다가 짧은 기간 내에 엄청나게 중요한 결정들을 뚝딱뚝딱 내려야 하니 고민이 참 많았던 시기이다. 이때는 예물이나 시계를 보러 가기도 하고 드레스 샵 투어라든지 복잡하고 생소한 일들이 매우 많았다. 그중에서 가장 중요했던 과제는 역시나 신혼집을 마련하는 것이었다. 한정된 예산으로 부부의 출퇴근 동선을 고려해서 집을 구하다 보니, 여러 가지 조건을 모두 만족하는 것이 어려워 고심을 거듭했다. 우리가 최종적으로 결정한 신혼집은 용산역에서 멀지 않은 아주 작은 아파트였다. 주변 시세와 비교하면 상당히 저렴하게 나온 전세라 다행이라고 생각하면서 그곳에서 신혼 생활을 시작했다.

잠재력 있는 자산에 투자하는 것은 성공의 지름길

그 당시 퇴근 후 집에 가려고 강변북로를 타고 지나가다 보면 항상 지나치게 되는 한 아파트 단지가 있었다. 요새는 부동산에 관심이 커져서 어디를 가더라도 주변 아파트들을 임장하듯이 자세히 둘러보는 버릇이 생겼지만, 그때만 해도 부동산에 전혀 관심이 없을 때였다. 그런데도 그 아파트 단지가 기억에 남아 있는 이유는 무시무시하게 낡은 아파트였기 때문이다. 지은 지 40년은 된 것 같은 외관에 영화에서나 나올 법한 오래된 복도식 아파트였다. 1988년 서울 올림픽 즈음에 마지막으로 칠한 것 같은 건물의 페인트도 다 벗겨져 있고 창틀 상태도 매우 불량해 보였다. 처음 그 아파트를 봤을 때 내가 아내에게 했던 말은 "저런 아파트에도 사람이 살까?"였다. 네이버에서 시세를 찾아봤는데, 해당 아파트는 34평형 아파트로 시세가 3억 원 정도였다. 서울이라서 저런 썩다리 아파트도 3억 원이나 한다고 생각했다.

얼마 전 우연히 생각이 나서 찾아보니 현재 그 아파트의 매매 호가는 무려 23억 원이었다. 약 10년 동안 7배 가까이 시세가 상승한 것이었다. 실제로 이 아파트는 한강변에 위치해서 추후 재건축을 한다면 한강 조망이 가능했고 넓은 평지에 있었으며 교통도 편리했다. 내가 썩다리라고 무시했던 건 겉모습이었을 뿐이었다. 실제로는 큰 성장 가능성을 지니고 있는 아파트였다.

스포츠카드 이야기를 하다가 왜 갑자기 부동산 이야기냐고 생각하실 수도 있다. 하지만 부동산이 아닌 스포츠카드에 투자할 때도 투자의 대상이 되는 스포츠 선수가 얼마나 발전 가능성이 있는지 그 잠재력을 파악하는 것은 투자의 핵심이라는 점에서 일맥상통한다. 주목하고 있는 선수가 있다면 그 선수의 현재 모습이나 구단 상황 같은 외적인 요소보다도, 앞으로 얼마나 높은 곳까지 올라갈 수 있을지를 반드시 체크해야 한다. 투자를 망설이게 하는 잡음이 다소 있더라도, 대세에 지장이 없는 잡음이라면 그보다 선수의 그릇을 파악하는 것이 중요하다.

한국 프로야구에 혜성처럼 등장한 괴물

한국 프로야구에서도 이런 사례를 심심치 않게 찾아볼 수 있는데, 한번 타임머신을 타고 2006년으로 돌아가 보자. 2006년에도 여느 해처럼 한국 프로야구에서 유망한 신인들을 선발하는 신인 드래프트가 열렸다. 당시에는 각 프로팀에서 연고지 출신의 우수한 선수들을 먼저 지명할 수 있는 1차 지명 제도가 있었다. 예를 들어 부산 지역을 연고지로 하는 롯데 자이언츠는 부산과 경남 지역에서 고등학교를 졸업한 선수 중 1명을 우선 지명할 수 있는 권리가 있는 것이었다.

SK 와이번스(현 SSG 랜더스)는 인천 지역을 연고로 하고 있었기 때문에, 인천 출신의 선수 한 명을 1차 지명할 수 있는 상황이었다. SK 와이번스는 인천 출신 선수들의 리스트를 두고 고민을 거듭하게 된다. 당시 주전 포수인 박경완 선수가 FA를 얼마 남겨놓지 않은 상황이었고, 또 다른 포수인 정상호 선수는 상무에 입대해 군 복무 중이었다. 다른 후보 포수들의 성장세도 더디다고 판단한 SK는 인천고 출신의 포수 이재원 선수를 지명하기에 이른다. 선수들의 잠재력과 미래 가능성보다는 현재 구단이 처한 상황을 최우선으로 고려한 선택을 한 것이다.

1차 지명이 되지 않은 모든 선수는 2차 지명에서 다른 구단의 선택을 기다리게 된다. 이때 2차 지명에서 2번째로 지명 순위를 갖고 있었던 한화 이글스는 SK에서 이재원 선수를 지명하느라 뽑지 않았던 인천 동산고 출신의 좌완 투수, 류현진을 지명하게 된다. 적어도 2006년의 한화는 당장 부족한 포지션을 채우거나,

현재 상태를 고려하기보다는 선택할 수 있는 선수 중에서 잠재력이 가장 높은 선수를 지명한 것이다. 인천 연고팀인 SK와 2차 지명 1순위 지명권을 가지고 있었던 롯데 자이언츠 모두 류현진을 외면하자 (롯데 자이언츠는 나승현 선수를 1순위로 지명했다.) 한화 이글스는 주저하지 않고 류현진 선수를 지명했다. 그 결과는 어떻게 나타났을까?

 물론 이재원 선수도 인천을 대표하는 아주 좋은 선수이며, 지명된 뒤 3년 연속으로 3할 타율을 넘기면서 타격 재능과 함께 성장 가능성을 보였다. 그 이후에도 지금까지 꾸준하게 팀에서 알토란같은 활약을 하고 있다. 하지만 비교 대상이 류현진 선수라는 것이 아쉽다.
 2006시즌 류현진 선수의 기록을 보면 입을 다물 수 없는 수준이기 때문이다. 30경기에 선발로 등판해 18승 6패, 방어율 2.23에 탈삼진 204개를 잡고 신인왕과 투수 골든글러브, 리그 MVP까지 모든 상을 휩쓸었다. 게다가 메이저리그에 진출하기 전까지 한국 프로야구의 최고 투수로 군림하였던 것은 잘 알려진 사실이다. 메이저리그에 진출한 이후에도 전혀 위축되지 않고 LA 다저스에서 클레이튼 커쇼 선수와 함께 투수진을 이끌며 좋은 활약을 해 주었다.

내가 왕이 될 상인가?

투자에 있어 부동산은 무엇보다 입지가 중요하고, 주식은 그 회사가 시장에서 대체 불가능한 독점적인 위치에서 사업을 성공적으로 지속할 수 있느냐가 중요하다. 스포츠카드는 앞서 이야기한 류현진 선수의 사례에서 알 수 있듯이, 선수들의 성장 가능성이 가장 중요하다. 특히 신인 선수들에게 투자하려는 경우에는 그 선수의 현재 모습과 더불어 성장한 뒤의 모습까지도 예상해 봐야 한다. 내가 주목하고 있는 선수가 미래에 리오넬 메시, 베이브 루스와 같은 스타로 성장할 수 있을지 그려보고 고민하는 과정이 꼭 필요한 것이다.

2장

다이아몬드 원석을
찾아야 하는 이유

　스포츠카드에 투자하려면 다이아몬드를 살 것인지, 다이아몬드 원석을 살 것인지 결정해야 하는 순간이 온다. 이미 모든 세공 과정이 끝나 찬란한 광채를 내는 다이아몬드는 보석에 대해 무지한 사람이라도 그 가치를 직관적으로 알 수 있으며 모두가 가지고 싶을 정도로 매력적이다. 스포츠에서는 NBA의 마이클 조던이 그런 존재이며, MLB의 미키 맨틀이나 베이브 루스도 마찬가지이다. 축구의 펠레와 NHL의 웨인 그레츠키도 각자 그 종목에서는 최고의 선수로 인정받고 있다. 이러한 레전드 선수의 스포츠카드는 특별한 일이 없는 한 지속적으로 가치가 유지된다. 인플레이션이나 경제 상황에 따라 주식처럼 흐름을 타기도 하지만 결국은 꾸준히 우상향하는 모습을 보인다. 이미 은퇴하였기 때문에 커리어에 흠집이 날 일도 없으며 새로운 카드가 더 이상 발행되지 않으니 희소가치도 그대로 유지된다. 그래서 스포츠카드 투자자들에게 있어서 레전드 선수의 희소성 있는 카드에 투자하는 것은 기대 수익률은 높지 않아도 안정적인 투자 방법이다.

하지만 아직 스포츠카드 투자에 익숙하지 않은 초보자라면 바로 레전드 선수의 카드에 투자하는 것이 망설여질 수밖에 없다. 안정적인 투자 방법이긴 하지만 신인 선수들의 카드에 투자하는 것보다 훨씬 더 큰 초기 투자 비용이 발생하기 때문이다. 반면에 아직 숨겨져 있는 보석과도 같은 신인 선수의 경우, 적게는 단돈 몇천 원으로도 투자를 시작할 수 있다.

마이클 조던도 한 때는 신인이었다

누군가가 나에게 '가장 갖고 싶은 스포츠카드'를 묻는다면 단연코 1위에 꼽을 마이클 조던의 최고 카드를 한번 살펴보자. 1986년에 플리어에서 발행된 1986 Fleer Michael Jordan #57 PSA 10 카드는 마이클 조던의 수많은 카드 중에서도 가장 대표적인 카드로 꼽힌다. 이 카드 세트는 1986년 처음 출시되었을 때는 한 팩 가격이 40센트, 약 500원에 불과했다. 물론 한 팩에서 무조건 마이클 조던이 나오는 것이 아니기 때문에 확률적으로 3~4만 원 정도의 비용을 투자해야만 마이클 조던의 카드를 얻을 수 있었을 것이다. 이 카드의 가치는 마이클 조던이 전설을 써 내려가는 동안 지속해서 올라갔으며, 놀라운 것은 그가 은퇴하고 난 뒤에 더욱 큰 상승을 보였다는 점이다.

1990년대의 거래가격까지 모두 확인하기는 어려우나 2000년 이후 거래 기록을 살펴보면, 낙찰 가격이 지속적으로 상승을 했음을 알 수 있다. 이 카드는 2010년 Memory Lane에서 진행했던 경매에서 6,173달러에 낙찰되었는데 당시 환율로 계산하면 700만 원이 조금 넘는 금액이었다. 이후 2017년에는 2만 달러까지 시세가 올라갔으며, 꾸준하게 가격이 올라 2020년 초에는 5만 달러를 넘어섰다. 10년 만에 거의 10배에 가까운 상승을 하게 된 것이다.

게다가 그 이후에는 코로나19가 터진 이후 미국이 실시한 양적 완화와 맞물려 카드의 가격이 더욱 빠르게 상승하였다. 미국 연방준비위원회는 금융 위기가 발생하는 것을 막기 위해 금리를 낮춰 '제로 금리'를 실시했으며 달러를 찍어내 사실상 무제한으로 돈을 풀었다. 엄청난 유동성이 자산 시장으로 흘러들어왔고, 이는 인플레이션으로 이어졌다. 대체투자 자산인 스포츠카드의 가격도 천정부지로 올라가기 시작했다. 마이클 조던의 카드처럼 희소성이 높은 카드의 가격 상승은 그야말로 입이 다물어지지 않을 정도였다. 2020년 8월에 10만 달러를 넘긴 이 카드는 2021년 3월 61만 5천달러를 기록, 한화로 8억 원 정도에 거래되었다.

하지만 이후 팬데믹이 소강상태를 보이면서, 미국 연방준비위원회에서는 인플레이션을 잡기 위해 인하했던 금리를 다시 여러 차례 인상하게 되었다. 이에 따라 미국 주식과 부동산 같은 자산 시장도 큰 폭으로 조정을 받게 되었는데, 스포츠카드의 시세도 이와 연동되어 움직이는 모습을 보였다. 마이클 조던의 플리어 카드도 고점을 찍은 후 1년 정도 큰 폭으로 조정을 받았다. 지금은 2023년 1월 기준 20만 달러 정도의 시세를 형성하고 있는 상황이다.

1986년에 마이클 조던을 믿고 카드를 수집한 컬렉터라면 지금쯤 계산이 불가능할 정도의 수익률을 올렸을 것이다. 마이클 조던이 은퇴할 무렵에 투자했다고 하더라도 수익은 약 20년 동안 투자 금액에 100배가 넘는 수준이다.

책을 읽고 있는 독자분들은 지금쯤이면 이런 생각을 하실 수

도 있다. '그래서, 1만 원으로 3천만 원을 번 이야기는 언제 나오는 거야? 나는 바쁜 사람이라고!'

　그러나 내 투자 경험을 독자분들과 나누기 위해서는 스포츠카드에 대한 설명과 사전 이해가 꼭 필요하다고 판단했다. 이제는 독자분들께서도 스포츠카드 시장에 대해 어느 정도 이해하기 시작했으리라 믿고, 지금부터 나의 이야기를 곁들여 스포츠카드의 실전 투자 이야기를 해 보려고 한다.

다이아몬드 원석을 찾기 위한 노력

　내가 스포츠카드 투자를 처음 시작한 건 거의 20년 전이다. 그 당시에도 유명한 스타들의 카드는 매우 비싸게 거래가 되고 있었다. 하지만 이런 선수들의 카드는 모아 볼 엄두조차 내지 못했다. 경제적인 여유가 없기도 했고, 그 당시에는 오히려 수집을 통해 얻는 만족이 더 컸다. 그래서 내 수집과 투자의 방향은 항상 다이아몬드보다는 다이아몬드 원석을 찾는 쪽이었다.

　나는 원석을 찾기 위해 NBA나 MLB에서 매년 등장하는 선수들을 파악하고 분석하는 데 상당히 공을 들였다. 인터넷 사이트들을 돌아다니면서 정보를 수집했으며 영어 공부를 핑계 삼아 영어로 된 스카우팅 리포트를 읽었다. 선수들의 영상을 분석하는 것은 마치 내가 스카우트가 된 것 같은 느낌을 받게 했고, 마치 게임을 하듯 즐겁게 투자할 수 있었다. 이렇게 선수들의 데뷔 초기에 투자하면 비용 부담이 적기 때문에, 적은 비용으로 스포츠카드 투자를 시작하고 싶은 사람들에게는 내가 그랬듯이 숨겨져 있는 다이아몬드 원석을 찾아볼 것을 권유하고 있다.

　보통 NBA의 경우 일단 신인 드래프트가 끝나게 되면 그해의 선수들에 대한 분석이 시작된다. 내가 자주 방문하던 카드샵에서는 신인 드래프트가 끝나면 컬렉터들을 위해 한쪽 벽면에 그해에 지명된 신인 선수들의 명단을 붙여놓기도 했었다. 2007년 NBA 드래프트에는 두 명의 대형 신인이 등장했고, 그들은 훗날 나에게 있어 특별한 의미를 갖게 되었다.

　오하이오 주립대 출신의 그렉 오든Greg Oden 선수와 텍사스대 출신의 케빈 듀란트Kevin Durant 선수가 그 주인공이다. 이 두 선수는 약속이나 한 듯 대학교 1학년만 마치고 NBA 진출을 선언하여 많은 팀의 주목을 받았다. 오든은 2m 13cm의 큰 키와 110kg을 훨씬 넘는 체중으로 이미 고등학생 수준이라고는 볼 수 없는 강력한 피지컬을 지니고 있었으며, NBA 레전드 센터인 빌 러셀Bill Russell이나 데이비드 로빈슨David Robinson과 비교되며 주목을 받았다. 2007년 드래프트에서 전체 1순위 지명권을 갖고 있던 포틀랜드 트레일 블레이저스는 그렉 오든을 지명했고, 전체 2순위 지명권을 갖고 있던 시애틀 슈퍼소닉스는 주저하지 않고 텍사스대에서 좋은 활약을 보였던 케빈 듀란트를 지명하게 된다.

잠재력이 더 높은 선수는 듀란트였다

나는 매 시즌 내가 점찍은 유망주들의 카드를 모아 왔는데, 2007시즌에는 이 두 선수 중 한 명에게 투자해 보자고 결론을 내렸다. 내가 느낀 오든과 듀란트의 첫인상은 매우 대조적이었다. 오든은 과연 20세가 맞나 싶을 정도의 강인한 인상과 완성된 피지컬을 가지고 있었으며 운동 신경도 좋아 보였다. 그리고 무엇보다 NBA의 내로라하는 스카우트들이 1순위로 지명했을 정도니 더 신뢰가 갔던 것이 사실이다. 반면 듀란트는 오든과 비교했을 때 키는 2m 6cm로 크게 차이나지 않았지만 체중이 90kg 정도에 불과해서 빼빼 마르고 팔다리만 길쭉한 모습이었다. 조금 과장하자면 격투 게임 스트리트 파이터에 나오는 요가의 달인, 달심 같은 느낌이었다. NBA의 탄탄한 선수들과 부딪혔을 때 튕겨 나가지나 않을지 걱정될 정도였다. 당시 나는 동시에 여러 명의 카드를 구입할 만한 여력은 없었기 때문에 한 명의 선수를 고르기 위한 고민이 깊어졌다. 게다가 신인 선수들의 카드를 보다 저렴한 가격에 구하려면 가급적 시즌이 많이 진행되기 전, 선수들이 활약을 펼치기 전에 행동에 나서야 했다.

처음에는 오든에게 마음이 기울었지만, 실제로 대학 시절 경기 기록과 영상을 찾아본 뒤에는 생각이 조금 달라졌다. 하이라이트 영상을 보면 오든의 강력한 피지컬을 따라가지 못하는 대학 센터들은 어쩔 줄 몰라 하거나 뒤로 튕겨나기 일쑤였다. 속 시원하고 파워풀하게 느껴지기는 했으나, 머릿속에 드는 생각은 하나였다. '저 플레이가 NBA의 괴물 같은 센터들 사이에서도 통할까?' 패스를 받아서 로우 포스트에서 덩크를 하거나, 공격 리바운드를 잡아서 덩크를 하는 등 공격 패턴이 단순했다. 그리고 링에서 멀어질수록 공격력이 약해진다는 느낌을 받았다.

반면 듀란트는 오든과 비교했을 때 득점과 리바운드에서 훨씬 더 눈에 띄는 대학 성적을 기록했다. 하이라이트 영상 속 듀란트는 공중에서 머무는 체공 시간이 매우 길었고, 아름답고 정확한 슛 폼을 가지고 있었다. 내가 너무 팔이 가늘다고 생각했던 부분은 실제로 팔이 엄청나게 길어서 그렇게 느껴졌던 것이었다.

코트 내 어디서든 점프슛을 성공시키는 능력에다가, 필요할 때는 지체 없이 날아올라서 덩크를 꽂는 모습까지 매우 시원시원했다. 외모는 아직도 고등학생 티를 다 벗지 못했지만, 실력으로는 이미 프로 레벨이었다.

결론적으로 나는 2007시즌 내내 듀란트 선수의 카드를 모아 나갔다. 저렴한 카드는 다른 컬렉터들에게 공짜로 얻기도 했고, 괜찮은 카드는 이베이를 통해 경매로 낙찰받았다. 그 당시만 해도 여러 선수의 카드가 들어있는 팩이 지금처럼 비싸지 않아서 가끔은 듀란트 선수가 나오길 바라며 팩을 구매하기도 했었다.

하루는 탑스에서 출시한 Bowman Chrome 팩을 구매해서 개봉했는데, 당시 한 팩의 판매 가격은 정확하게 1만 원이었다. 그 팩에서는 다행히도 듀란트 선수의 카드가 한 장 나왔다. 게다가 금색으로 반짝이는 아름다운 카드였으며 99장밖에 발행되지 않았던 한정 카드였다. 카드샵 사장님은 밝은 미소를 띠며 축하 인사와 함께 악수를 청했고, 나는 카드를 슬리브sleeve*에 넣어서 잘 보관하게 되었다. 이후 다른 컬렉터들에게 10만 원, 아니

---

* 카드를 보호하기 위해 이용되는 카드 보호 비닐. 가격이 저렴하여 페니 슬리브(penny sleeve)로 불리기도 한다.

20만 원도 넘는 카드와 내 카드를 교환하지 않겠냐는 제안을 받았다. 하지만 나는 내가 투자하기로 마음먹은 선수인 이상 카드를 그렇게 빨리 처분할 생각은 없었다. 게다가 그해 나는 여러 장의 듀란트 카드를 모았지만, 이 카드가 그중 가장 희소가치가 높음은 분명했다. 다이아몬드 원석을 캐서 보관하는 데까지는 성공한 것이다. 이제 남은 것은 기나긴 인내의 시간이었다.

3장

아무 카드나 사면 될까?
투자의 시작과 끝은 언제나 루키 카드

　이 책을 읽고 있는 독자분들이 나름의 분석을 통해, 내가 2007년에 듀란트 선수를 선택했던 것처럼 본인이 투자하고 싶은 선수를 결정했다고 생각해보자. 그렇다면 이제 아무 카드나 구매하면 될까? 그렇지 않다. 스포츠카드는 같은 선수라고 해도 모든 카드가 동일한 가치로 거래되는 것이 아니다. 많은 종류의 카드가 있지만, 스포츠카드 투자의 핵심이 되는 카드는 그 선수의 최초 발행된 카드, 루키 카드Rookie Card이다. 루키 카드는 공식적으로 그 선수의 사진과 정보를 담은 최초로 발행된 카드를 말하며, 데뷔 첫 시즌에 발행되는 카드 대부분은 루키 카드로 인정을 받는다. 예전에는 따로 카드에 표시가 되어 있지 않았으나, 최근에는 카드 자체에 RC라는 마크를 넣어 루키 카드임을 한눈에 알아보게 하고 있다.

스포츠카드 회사에서는 수집가들의 수집 욕구를 불러일으키기 위해 카드에 희소성을 부여하고자 노력한다. 루키 카드를 제작하는 것은 스포츠카드 회사에서 카드에 희소가치를 더하기 위해 가장 보편적으로 시행하는 방법이다.

다른 건 잊어버려도 루키 카드는 기억하자

이 책을 전부 다 읽고 난 뒤 내용 대부분을 잊어버린다고 해도 '루키 카드' 이 한 가지는 반드시 기억해야 한다. 동일한 브랜드와 세트에서 나온 카드라고 해도, 선수의 첫 시즌에 발행된 루키 카드와 다른 시즌에 발행된 베이스 카드Base Card는 완전히 다른 가치를 가진다.

2004년 탑스에서 나온 르브론 제임스 선수의 루키 카드를 보자. 2004 Topps Lebron James #221 PSA 10 카드는 현재 2천 달러 정도에 거래되고 있다. 다른 세트에 비해 저렴한 가격에 판매되었던 탑스 세트에서 나오는 카드이기 때문에 르브론 제임스 선수의 루키 카드 중에서는 비교적 착한(?) 가격이라고 할 수 있다. 그렇다면 바로 이듬해에 똑같은 세트로 발행된 2005 Topps Lebron James #200 PSA 10 카드는 얼마일까? 이 카드는 2년 차 시즌에 발행되어 루키 카드가 아니며, 현재 100달러 초반에 거래되고 있다. 루키 카드와의 가격 차이는 약 20배 정도 난다.

이처럼 루키 시즌의 카드가 아닌 경우에는 시간이 지나도 찾는 사람이 적어서 가격이 잘 오르지 않고 다시 판매하기도 쉽지 않은 상황이 종종 발생한다. 스포츠카드에 갓 입문한 초보 컬렉터의 경우 간혹 이 부분을 놓치고 투자를 시작한다. 실제로 국내 스포츠카드 카페의 게시글을 살피다 보면 'OO 선수의 카드 아무거나 구합니다'라는 글을 쉽게 접할 수 있다. 선수를 좋아해서 수집 목적으로만 구하는 것이라면 문제가 없겠지만 투자 목적으로 카드를 구매하는 것이라면 주의해야 한다. 최초 발행된 루키 카드에 더 높은 가치가 부여된다는 사실은 스포츠카드 투자에 있어서 기본 중의 기본이므로 이 부분을 잘 인지하고 투자에 나서야 한다. 또한 스포츠마다 루키 카드를 구분하는 기준은 조금씩 다르다. 이제 그 부분을 간단히 알아보자.

1) NBA, NFL

NBA와 NFL은 신인 선수 드래프트가 완료되고, 해당 선수들이 데뷔하는 시즌에 만들어지는 카드 앞면에 RC 마크를 넣어 루키 카드임을 표시한다. 다른 스포츠와 비교해 가장 루키 카드 여부를 파악하기가 쉬운 종목이라고 할 수 있다.

① RC 마크와 ② 소속 프로팀의 유니폼을 입고 촬영한 사진, 그리고 ③ 소속 프로팀의 로고가 모두 들어가야 보편적인 루키 카드로 인정받는다. 간혹, 선수들이 프로에 데뷔하기 전에 찍어 놓은 고등학교나 대학교 시절의 사진을 넣어서 만드는 카드가 있

→ 라멜로 볼 선수의 카드, RC 마크는 있지만 프로 데뷔 이전의
　사진으로 소속 프로팀의 로고와 유니폼이 없다.

다. 이 경우에도 RC 마크를 넣기는 하나 실제 컬렉터들에게는 '진정한' 루키 카드로 평가받지 못해서 일반적인 루키 카드에 비해 상당히 낮은 가격에 거래된다.

앞의 사진은 내가 소장하고 있는 2020-21시즌에 신인왕을 차지한 샬럿 호네츠 소속인 라멜로 볼Lemello Ball 선수의 카드(2020 Panini Prizm Draft Picks Lamelo Ball Silver Prizm #3 PSA 10)이다. 이 카드를 자세히 보면, 우측 상단에 루키 카드임을 알리는 RC 마크는 붙어있으나 샬럿 호네츠의 로고도 없으며 선수가 입고 있는 옷은 일반 트레이닝복이다. 이 카드의 최근 거래 가격은 30달러 남짓으로 매우 저렴한 편이다. 이 카드보다 몇 개월 뒤 발매되어 정식 유니폼을 입고 촬영한 사진이 들어간 2020 Panini Prizm Lamelo Ball Silver Prizm #278 PSA 10 카드의 거래 가격은 1,000달러에 육박한다. 이처럼 똑같이 RC 마크가 있는 카드라고 해도 실제 소속팀의 로고와 유니폼을 입은 사진이 들어 있는지에 따라 가격이 크게 차이 날 수 있음을 명심하자.

2) MLB

MLB의 루키 카드는 NBA나 NFL과 비교할 때 다소 복잡한 체계를 갖고 있다. 이를 이해하기 위해서는 MLB의 리그 특성을 고려해야 한다. NBA 같은 경우 드래프트에서 지명된 신인 선수들은 기존의 주전 선수들과 함께 훈련받게 되며, 부상 같은 특별한 일이 없는 한 첫 시즌부터 1군에서 활약을 하게 된다. 하지만 MLB는 매년 수없이 많은 선수가 새로 지명되기 때문에 선수들이 처음부터 메이저리그에서 활약하는 경우는 드물고 루키리그, 싱글A, 더블A 같은 마이너리그에서부터 선수 생활을 시작하게 된다. 선수들은 짧게는 1~2년, 길게는 몇 년 이상 마이너리그에서 활동하고 메이저리그에 콜업call up*되는데, 그 시기도 각각 다르다. 그래서 지명받은 첫 시즌에는 보통 RC 마크가 들어간 카드가 출시되지 않는다.

　MLB의 라이선스를 가진 탑스의 바우만 브랜드에서는 프로에 진출한 선수들의 첫 카드가 발행될 때 1ˢᵗ Bowman이라는 로고를 달아 그 카드가 선수의 첫 번째 '프로페셔널' 카드임을 인정하고 있다.

　그리고 선수가 이후에 메이저리그로 승격하여 활약하게 되는 경우, 바우만이 아닌 탑스 자체 브랜드에서 NBA나 NFL과 마찬가지로 RC 마크를 단 카드를 추가적으로 출시하게 된다. NBA나 NFL과 달리, MLB는 이렇게 서로 다른 시즌에 발매된 두 가지

---

* 　프로스포츠에서 2부 리그에서 뛰던 선수가 1부 리그로 승격되는 일을 말한다.

→ 프로 계약 이후 최초로 발행되는 1st Bowman 카드

→ 메이저리그에 콜업된 이후에는 RC 마크가 붙은 카드가 발행된다.

종류의 카드 모두 선수들의 의미 있는 루키 카드로 인정받는데, 이는 메이저리그로의 승격이 쉽지 않은 야구 종목의 특성을 고려한 것이다.

이해를 돕기 위해 예를 들어 보자. 메이저리그 탬파베이 레이스의 떠오르는 스타 유격수인 완더 프랑코Wander Franco 선수는 2017년 시즌 중반쯤에 자유계약으로 팀의 마이너리그에 합류하게 되었다. 이후 2019년에 발행된 바우만 브랜드에서 1st Bowman 로고를 단 완더 프랑코 선수의 카드가 최초로 등장하였다. 그리고 완더 프랑코 선수는 2021년에 메이저리그에 승격되었고, 잠재력을 드러내며 좋은 활약을 보이기 시작하였다. 그러자 탑스는 2022년 출시된 브랜드에서 완더 프랑코의 카드에 RC 마크를 넣어 발행하기에 이른다. 완더 프랑코 선수의 2019년 1st Bowman 카드와 2022년 RC 마크가 들어간 카드는 둘 다 루키 카드로서의 가치를 인정받고 있다.

3] 축구

축구 카드는 잉글랜드 프리미어 리그 같은 개별 리그를 대상으로 하는 카드도 출시되고, 챔피언스 리그 같은 클럽 대항전에 참가하는 선수들의 카드도 따로 출시된다. 또한 국가대표 선수들의 카드가 들어있는 월드컵 스포츠카드도 나오기 때문에 루키 카드를 구분하기가 어려운 종목 중의 하나이다.

2019년 이후부터는 다행히(?) RC 마크를 추가하기 시작하면서 선수의 루키 카드 인증이 수월해졌다. 월드컵 스포츠카드에도 RC 마크를 넣기 시작해서, 대한민국의 김민재 선수를 포함한 여러 명의 선수는 2022년 카타르 월드컵 세트의 카드가 루키 카드로 인정받고 있다.

2019년 이전에 발행되어 RC 마크가 없는 카드의 경우에는 그 선수가 프로에 입단한 뒤 처음으로 발행된 카드와 그해에 발행된 다른 카드들을 루키 카드로 인정하고 있다. 예를 들어 우리와 카타르 월드컵 조별 예선에서 맞붙었던 포르투갈의 크리스티아누 호날두 선수의 최초 발행 카드는 2002년에 발행된 2002-03 Panini Mega Craques Cristiano Ronaldo #137 카드이다. 호날두 선수는 맨체스터 유나이티드에서 오랜 기간 좋은 활약을 했지만, 선수 생활을 처음 시작한 것은 맨체스터 유나이티드가 아닌 포르투갈의 스포르팅이었다. 호날두는 16세이던 2002년, 스포르팅 팀 1군에 데뷔하여 좋은 활약을 보였고, 이 당시 스포르팅에서 전 대한민국 축구 국가대표팀을 맡았던 파울루 벤투 감독과 함께 뛰기도 했었다. 이듬해이던 2003년 8월, 스포르팅과 맨체스터 유나이티드 팀과의 경기에서 인상적인 활약을 펼친 호날두는 알렉스 퍼거슨 감독의 눈에 들어 맨체스터로 이적하게 된다. 파니니에서는 호날두가 스포르팅에서 데뷔했던 2002년에 호날두의 카드를 처음 제작하였고, 이 카드는 호날두의 진정한 루키 카드라고 할 수 있다. 이 카드에서는 정말 앳되고 순수한 느낌의 호날두를 만날 수 있다.

만약 좋아하는 축구선수의 루키 카드를 찾고 있다면 일단 어느 시즌에 발행된 카드가 그 선수의 루키 카드로 인정받고 있는지 검색해보는 것이 필요하다.

4) 한국 프로야구

한국 프로야구를 다루는 스포츠카드는 1999년부터 제작이 이루어졌다. 당시 전화카드를 만들던 회사인 테레카에서 프로야구 카드를 제작했고, 야구 팬들에게 큰 인기를 끌었다. 미국에서 제작되는 스포츠카드와는 달리 다소 투박한 느낌이 있었지만 열정적인 국내 야구 팬들 사이에서 아주 활발하게 거래가 이루어졌던 기억이 난다(심지어 친필 사인 카드도 있었다!).

하지만 이 당시 테레카에서 제작했던 야구 카드는 루키 카드의 개념이 딱히 없었으며, 아쉽게도 저조한 판매 등으로 인해 몇 년 뒤 생산이 중단되기에 이른다. 한국 프로야구에도 지속적으로 스타 선수들이 등장했었기 때문에, 생산 중단 없이 스포츠카드(특히 루키 카드)가 발행되었으면 좋았을 텐데 하는 아쉬움이 진하게 남는다.

다행히도 2017년부터는 대원미디어에서 한국 프로야구 라이선스를 획득, SCC라는 브랜드로 프로야구 카드를 꾸준히 출시하고 있다. 대원미디어는 스포츠카드 시장의 흐름을 잘 읽고 있어, 예전과 달리 신인 선수들의 카드에 RC 마크를 넣고 있다. 스포츠카드 시장에서 루키 카드가 갖는 희소성과 투자 가치를 인지한 것이다.

이제 한국 프로야구에서도 미래가 촉망되는 선수들의 루키 카드는 다른 일반 카드와 달리 높은 가치에 거래되고 있다. 이는 국내 스포츠카드 시장이 성장할수록 가치가 더 높아질 것으로 보인다.

→ 한화 이글스의 최고 유망주, 문동주 선수의 카드. RC 마크를 확인할 수 있다.

제한된 수량만 발행되는 한정 카드, 패럴렐 카드

같은 시즌에 발행된 루키 카드 중에서도, 절대적인 수량이 적은 카드의 가치가 높은 것은 당연한 이치이다. 가격이 저렴하거나 발행량이 많은 브랜드의 경우에는 한 선수의 똑같은 루키 카드가 몇천, 몇만 장씩 발행되기도 하는데 이런 경우에는 아무리 훌륭한 선수의 루키 카드라고 해도 카드의 가치가 매우 낮은 편이다.

그래서 보통 제조사에서는 특별히 발행 수량을 조절해서 제한된 수량만 발행하는 한정 루키 카드를 만들기도 한다. 다만 단순히 수량만 제한하는 한정 카드보다는 베이스 루키 카드와 동일한 사진이지만 표면 처리를 다르게 하거나 다양한 색을 입힌 한정 카드를 내놓는 경우가 많다. 이를 패럴렐 카드라고 한다. 내가 소장하고 있던 듀란트 선수의 루키 카드도 골드 패럴렐 카드로, 일반 카드와 달리 카드의 테두리가 금색으로 빛나는 99장 한정 카드였다. 이처럼 루키 카드의 희소성과 한정 카드의 희소성이 합쳐지면 자연스럽게 가치가 더 올라가게 된다.

한정 카드는 발행 수량이 많은 경우 499장, 299장, 199장, 99장 한정처럼 보통 99장 단위로 발행되며, 발행 수량이 적은 경우에는 50장, 25장, 10장, 5장처럼 5장 단위로 발행되기도 한다. 그리고 그 한정 수량이 얼마인지 카드 표면에 표기가 되어 있다. 세트 전체에서 딱 한 장만 존재하는 1장 한정 카드도 있으며 이런 것을 1 of 1, 마스터피스 카드라고 부른다. 루키 카드이면서 마스터피스 카드라고 하면, 전 세계에 딱 한 장만 존재하는 루키 카드이기 때문에 정말 부르는 게 값일 정도로 높은 가격에 거래된다. 꼭 루키 카드가 아닌 일반 카드라고 해도 마스터피스처럼 한 장만 존재하는 카드는 베이스 카드보다 훨씬 비싼 가격에 거래가 되고 있다.

4장

수집의 매력을 더욱 느끼고 싶다면?
오토 카드, 패치 카드

스포츠카드를 투자 목적으로 구입한다면, 앞서 이야기한 루키 카드가 가장 접근하기 쉬운 보편적인 상품일 것이다. 하지만 투자와 함께 수집의 매력도 진하게 느끼고 싶다면 실제 선수들의 손길을 거친 카드를 추천한다. 사실 팬 입장에서는 그 선수의 친필 사인이 들어간 카드만큼 마음을 설레게 하는 카드는 없을 것이다. 카드 회사에서는 선수들과의 계약을 통해 친필 사인이 들어간 카드를 발행하는데, 이를 오토 카드Auto Card/Autograph Card라고 부른다. 유튜브에서 파니니를 검색하면, 신인 선수들이 파니니 스포츠카드에 들어갈 사진을 찍고, 카드에 직접 사인을 하는 영상을 어렵지 않게 찾아볼 수 있다. 간혹 사인해야 하는 어마어마한 수량의 카드를 받고 멍해진 선수들의 모습을 볼 때면, '저 사인을 전부 하고 나면 경기력에 지장이 있는 것은 아닐까'하는 걱정이 들 때도 있다.

이외에도 선수들이 입었던 유니폼인 저지를 작게 잘라내어 카드에 부착하는 저지 카드Jersey Card도 제작되고 있다. 저지 카드가 처음 나오기 시작한 1990년대 후반에서 2000년대 초반까지는 별다른 무늬가 없는 저지의 일부를 잘라 만든 일반 저지 카드도 상당한 인기를 끌었다.

→ 르브론 제임스 선수가 입었던 유니폼을 잘라 만든 일반 저지 카드.

하지만 지금은 무늬가 없고 다소 밋밋한 일반적인 저지 카드 보다는 선수들의 이름이나 구단 이름, 등 번호 또는 로고가 들어 간 패치 부분을 잘라 만든 패치 카드Patch Card가 큰 인기를 끌고 있다.

→ 패치 부분을 오려서 만든 시카고 불스 소속 조아킴 노 아(Joakim Noah) 선수의 패치 카드. 친필 사인도 함께 들어 있다.

재미로도 미학적으로도 투자할만 하잖아, 패치 오토 카드

앞에서 이미 언급하였듯, 스포츠카드 시장에서 루키 카드가 주목받다 보니 신인 선수들이 아닌 베테랑Veteran 선수*들의 베이스 카드는 일명 '평카드'라고 불리며 평가절하 받는 편이다. 하지만 베테랑 선수들의 카드 중에서도 친필 사인이나 패치가 들어가 있다면 베이스카드 보다는 훨씬 좋은 대접을 받는다. 특히 이미 은퇴한 선수들은 앞으로 추가적인 오토 카드나 패치 카드가 발매될 가능성도 작으므로 꼭 루키 카드만 고집할 필요는 없다.

베테랑 카드가 아닌 루키 카드에 오토나 패치가 함께 들어가 있는 경우도 있다. 이를 루키 패치 오토 카드, 일명 RPA라고 부르며 보통 그 선수의 루키 카드 중에서도 가장 인기가 있는 편이다. 한 예로, 르브론 제임스의 루키 카드 중 친필 사인과 패치가 모두 들어간 2003-04 Exquisite Collection Lebron James JSY AU #78 카드의 경우, 최고 등급의 카드가 아닌 BGS 9였음에도 2022년에 520만 달러에 거래되어 사람들을 놀라게 했다.

---

* 스포츠카드에서는 1년 차 신인 선수들의 카드를 루키 카드(Rookie Card)로 부르며, 신인이 아닌 2년 차 이상 선수들의 카드를 모두 베테랑 카드(Veteran Card)로 부른다.

520만 원이 아니라 520만 달러다! 한화로 60억 원이 넘는다.

패치 카드와 오토 카드를 구입할 때 주의할 점

하지만 오토 카드와 패치 카드에 투자할 때는 반드시 체크해야 하는 주의사항이 있다. 스포츠카드 투자에 익숙하지 않을 때 이것을 간과하고 투자했다가는 큰 손해를 볼 수도 있으니 반드시 확인이 필요하다.

오토 카드를 구매할 때의 주의사항은 선수들이 해 놓은 사인의 퀄리티를 반드시 체크해야 한다는 것이다. 일반 카드와 달리, 오토 카드는 선수들이 직접 한 장 한 장 친필로 사인을 하다 보니 장마다 사인의 퀄리티가 조금씩 차이가 있다. 필체가 조금씩 달라지는 것이야 상관없지만 사인펜이 번져서 흐릿하게 보인다든가, 힘 조절에 실패해 카드 밖으로 사인이 삐져나가서 마치 사인이 잘린 것처럼 보인다든가 하는 경우는 문제가 된다. 전체적으로 별다른 흠이 없이 깨끗한 카드라고 해도 사인의 퀄리티가 불량할 경우 카드의 가치가 크게 떨어질 수 있는 것이다.

오토 카드를 구매하려는 경우 사진으로 사인의 상태를 반드시 확인하고 가능하다면 실물까지 체크하고 구매하는 것을 추천한다. 또한 만족스러운 사인 상태를 확인하고 구매했어도 주의해야 할 것이 더 있다. 구매 후 외부에 전시해놓는다든가, 직사광선을 오래 쬐게 한다든가 하면 사인이 변색하는 경우도 있으므로 보관에도 일반적인 카드보다는 훨씬 더 주의가 필요하다.

패치 카드를 구매할 때도 주의해서 체크해야 하는 부분이 있다. 최근에는 카드 제작 기술이 많이 발달하여 카드 안에 부착된 패치 자체에서 문제가 생기는 경우는 극히 드물다. 다만, 패치를 카드에 삽입하기 위해서는 기본적으로 종이 카드가 그 패치보다 두꺼워야 해서 패치 카드는 일반적인 카드에 비해 몇 배는 두껍게 제작이 된다. 사실 카드가 두꺼울수록 카드 모서리와 테두리가 닳거나 오염되기 쉽고, 눈에도 잘 띈다. 그래서 구매 전에 카드 모서리가 얼마나 새것처럼 날카롭게 살아있는지를 꼭 확인해야 한다.

카드 모서리와 테두리가 오염된 경우 나중에 카드 상태의 등급을 매길 때 최고 점수를 받기가 매우 어렵다. 앞에서 언급했던 520만 달러에 거래된 르브론 제임스의 루키 패치 오토 카드도 모서리 상태가 완벽하지 않아서 최고 등급을 받지 못했음을 확인할 수 있다.

조금 번거롭더라도 이 모든 것이 잘 충족된 루키 패치 오토 카드의 경우 일반 루키 카드보다 훨씬 높은 투자 가치를 가진다는 것을 명심해야 한다. 루키 오토 카드나 루키 패치 카드는 투자할 때 신경 쓸 것이 많고 리스크가 있는 만큼 기대 수익률도 더 높다고 볼 수 있다.

5장

미개봉 박스와 팩을 구매하는 것은 어떨까?

스포츠카드에 투자하기 위해서 꼭 특정 선수의 싱글 카드에만 투자해야 하는 것은 아니다. 실제로 카드가 그대로 들어 있는 미개봉된unopened wax 박스와 팩도 투자의 대상이 된다. '안에 뭐가 들어있는지도 모르는데, 투자를 한다고?' 조금 낯설게 들릴 수도 있다. 하지만 미개봉 박스와 팩에 투자하는 것은 카드 한 장에 투자하는 것과 비교했을 때 투자 비용이 적으면서도 매우 간단한 방법이다.

실제로 1986년 발행된 마이클 조던의 플리어 루키 카드(PSA 10)에 투자하기 위해서는 억 단위의 돈이 필요하다. 아무리 마이클 조던을 좋아하는 스포츠 팬이라고 해도, 스포츠카드 한 장에 몇 억이 넘는 돈을 태우는 것은 쉬운 결정이 아니다. 하지만 주식에서 소수점 투자를 하듯이 발상을 조금 전환해 보자.

미국 최대의 e커머스 기업인 아마존은 2022년 6월 액면분할하기 전까지 1주당 가격이 2,400불을 넘기도 했다. 주식 한 주를 구매하려면 3백만 원이 넘는 돈이 필요했다는 의미다(지금은 20:1로 액면분할을 시행하여, 주당 가격은 많이 내려가 있다). 만약 작년 6월 이전에 아마존에 투자하려고 했다면 상당히 큰 목돈이 필요했을 것이다. 하지만 요즘은 국내 증권사에서도 소수점 투자가 활성화되어 있어, 덩치가 큰 주식의 경우 작게 쪼개어 구매할 수 있는 옵션을 제공하고 있다. 이런 투자는 초기 투자금을 낮출 수 있다는 장점이 있고, 시기를 나누어 분할 매수가 가능하므로 보다 안정적인 투자를 가능하게 한다. 같은 맥락에서 고가의 카드들이 들어있을 가능성이 있는 스포츠카드 박스나 팩을 완전히 밀봉된 상태에서 구매하여, 개봉하지 않고 그대로 보관하는 투자는 초기 투자 비용을 낮춰 안정적인 투자가 가능하다.

15달러가 16만 달러가 되기까지

그렇다면 마이클 조던의 플리어 루키 카드는 어떤 박스에서 구할 수 있을까? 이 카드는 1986 Fleer NBA Basketball Box 에서 등장하는데, 이 시리즈는 1986년 발매 당시에 한 팩 가격이 단 40센트에 불과했다. 36개의 팩이 든 박스를 통째로 사더라도 단돈 15달러면 구매할 수 있었다. 당시 물가를 감안하더라도 스포츠 팬들에게는 그저 가벼운 취미생활 정도의 금액이었을 것으로 보인다.

확률적으로 36팩을 모두 개봉했을 경우, 마이클 조던의 루키 카드는 한 박스에서 약 3~4장이 나오게 된다. 물론 이 또한 확률일 뿐이라 3~4장이 반드시 나오는 것은 아니다. 그리고 당연히 한 팩만 개봉했을 때는 마이클 조던의 카드가 나오지 않을 가능성이 더 커진다(한 팩에서 마이클 조던의 루키 카드가 나올 확률은 대략 10% 정도이다).

하지만 반대로 이야기하면 단 1팩만 개봉해도 마이클 조던의 카드가 나올 확률이 있으므로, 이 팩과 박스의 리셀 가격은 마이클 조던의 카드 가격과 함께 올라가고 있다. 과거 40센트였던 1986 Fleer NBA Basketball 한 팩의 가격은 현재 4~5천 달러 정도이며, 36개의 팩이 들어있는 한 박스의 가격은 16만 달러 정도이다. 1986년에 저 박스를 15달러에 구매하여 가만히 갖고만 있었던 사람은 약 35년 동안 1만 배가 넘는 수익을 올리게 되는 셈이니 애플이나 테슬라가 부럽지 않은 엄청난 성과이다. 물론 이렇게 고가의 박스가 아니더라도, 좋은 카드를 기대할 수 있는 인기 박스나 팩에 투자하는 것도 의미있는 투자이다.

밀봉된 박스와 팩은 절대로 뜯어서는 안 된다

박스와 팩에 투자할 때 주의해야 하는 부분이 있다. 첫 번째로 박스나 팩을 구매한 뒤, 직접 뜯어보고 싶은 욕망을 절제해야 한다는 점이다. 구매한 박스를 밀봉 상태로 보관하지 않고 직접 뜯어서 내용물을 확인하는 것은 투자의 영역을 까마득하게 넘어서는 부분이라는 것을 명심해야 한다. 당신이 4천 달러를 들여 1986 Fleer NBA Basketball 한 팩을 구매했다고 가정해 보자. 만약 이 팩에서 방금 인쇄한 것 같은 완벽한 상태의 마이클 조던의 루키 카드가 나온 뒤, 이 카드가 그레이딩 회사에서 최고의 컨디션임을 인정받고 가장 좋은 등급을 획득한다면 4천 달러, 약 500만 원을 들여서 수억 원의 이익을 거둘 수도 있다.

하지만 계산기를 두드려보면 '한 팩을 개봉했을 때 마이클 조던의 카드가 들어있을 확률 10%' × '카드 상태가 아주 깨끗하고 완벽할 확률 5%' × '그레이딩 업체에서 최고 등급을 획득할 확률 5%'의 세 가지 조건을 모두 충족할 가능성은 0.025% 정도이다. 미국을 오가는 동안 발생할 수 있는 분실 사고 등에 대한 리스크까지 추가적으로 계산한다면 이는 투자라기보다는 로또 당첨을 기대하는 것에 가깝다. 그것도 한 장에 500만 원짜리인 매우 비싼 로또에 말이다. 온라인 게임에서 과금을 하며 무기나 방어구의 강화를 시도했을 때 성공률은 낮고, 실패율이 높아 아이템이 증발하는 경우가 있다. 고가의 미개봉된 박스나 팩을 구입하여 직접 개봉해 보는 행위는 이와 비슷하다고 볼 수 있다. 물론 낮은 확률에 베팅해서 큰돈을 버는 사람도 어디엔가는 있을 수 있지만, 이 책의 독자분들에게 추천하고 싶은 방법은 결코 아니다.

고가일수록 사기에 주의

박스나 팩을 구매할 때 두 번째로 주의해야 하는 부분은 고가일수록 사기에 당할 가능성이 크다는 점이다. 인터넷에서 최신 게임기를 사러 전자상가에 갔는데 뜯어진 밀봉 씰을 드라이기로 붙이고 있는 직원을 봤다든가, 분명히 새 휴대폰을 개통했는데 이름 모를 사람의 셀카가 이미 갤러리에 저장되어 있다든가 하는 사연을 다들 한두 번쯤은 들어본 적이 있을 것이다. 스포츠카드 업계에서도 천사들만 있는 것은 아니다. 미개봉 박스라고 해서 믿고 구매했더니 뜯었던 박스를 교묘하게 재포장해서 판매하는 일도 있으며, 팩도 좋은 카드를 전부 뺀 뒤에 쓸모없는 카드만 모아서 다시 포장하고 마치 개봉되지 않았던 것처럼 위장하는 일도 있다. 특히 아주 오래된 팩은 요새 나오는 팩들처럼 밀봉되어 있지 않고 종이 포장지 뒷면을 왁스나 스티커로 편지 봉투 붙이듯 살짝 붙여놓은 제품도 있어서 마음만 먹으면 구매자를 속이는 것이 어렵지 않다. 특히 시세보다 저렴하다고 이베이에서 기존 거래 내역이 없는 셀러나 신원을 특정하기 어려운 개인에게 미개봉 박스나 팩을 사는 것은 피해야 한다. 안전한 방법으로는 그레이딩 회사에서 정품 인증을 받은 제품을 구매한다든지, 공신력 있는 경매에 출품된 제품을 구매하는 방법이 있다(공신력 있는 경매 회사에서는 물건의 진위 여부를 확인한 뒤 경매를 진행한다).

투자 가치가 높은 스포츠카드 세트

이번 파트를 마무리하면서 현재 시장에서 높은 가치를 인정받고 있으며, 장기적으로도 우상향할 것으로 예상되는 카드 세트를 몇 가지 소개하려고 한다.

1986 플리어 농구 박스Fleer Basketball Box / Pack

사실 마이클 조던의 카드가 처음 발매된 것은 1984년으로 거슬러 올라간다. 1984년부터 1991년까지 스포츠카드를 제작했던 스타Star에서는 1984년에 마이클 조던의 카드를 제작하여 판매하였다. 앞 장의 내용을 통해 루키 카드에 대해 알게 된 독자분들이라면 '어, 그렇다면 스타에서 1984년 제작한 마이클 조던의 카드가 진짜 루키 카드 아니야? 데뷔하는 해에 제작되는 것이 루키 카드라고 했는데…'라고 의문을 품을 수 있을 것 같다.

물론 1984 Star Michael Jordan #101 카드 또한 조던의 루키 카드 중 하나로 인정받고 있으며 매우 높은 가격에 거래되고 있다. 하지만 스타에서는 당시 공식 라이선스를 획득하지 않고 NBA 카드를 제작하였기 때문에, 현재 수집가들 사이에서는 1986년에 플리어 사에서 발매한 루키 카드가 가장 대표성 있는 최고의 루키 카드로 인정받고 있다. 1986 플리어 농구 박스는 스포츠카드 수집가라면 누구나 꿈꾸는 마이클 조던의 카드를 얻을 '가능성이 있는' 박스이다.

보통 미개봉된 스포츠카드에 투자할 때는 밀봉된 박스 단위로 거래를 하는 경우가 많지만, 이 세트처럼 고가의 박스는 팩 단위로도 거래가 이루어지는 특징이 있다.

1989 어퍼 덱 MLB 야구 박스Upper Deck Baseball Box

1989년에 어퍼 덱에서 출시한 MLB 야구 박스에서는 켄 그리피 주니어Ken Griffey Jr.선수의 루키 카드가 등장한다. 메이저 리그를 대표하는 외야수로 1989년부터 2010년까지 활약했던 그는 올스타 선정 13회, 골든 글러브 10회를 수상하였고 압도적인 지지를 받으며 명예의 전당에 입성하였다. 1989년, 켄 그리피 주니어의 루키 카드가 어퍼 덱, 탑스, 플리어 등 여러 회사에서 제작되었지만, 그 중에서도 해맑은 표정을 하고 있는 켄 그리피 주니어 사진이 들어간 어퍼 덱 사의 루키 카드가 큰 인기를 끌고 있다. 1989 Upper Deck Ken Griffey Jr. Star Rookie #1 PSA 10 카드는 현재 2천 달러 전후의 가격에 거래되고 있다. 반면 이 카드가 나올 확률이 있는 1989 어퍼 덱 야구 박스는 300달러라는 비교적 낮은 가격에 구할 수 있다. 다른 고가의 박스들과 비교해도 저렴한 편이라 야구 팬들에게 좋은 선택이 될 수 있다.

1996 탑스 크롬 농구 박스Topps Chrome Basketball Box

1996년에 발매된 탑스 크롬 농구 박스는 크롬 재질의 반짝반짝한 디자인으로 매우 인기를 끌었다. 이 박스에서는 당시 최고의 유망주이자 제2의 마이클 조던으로 주목을 받았던 코비 브라이언트Koby Bryant선수의 루키 카드를 기대할 수 있다. 이 사실 때문에 1990년대 후반 우리나라에서도 상당히 인기가 있었던 기억이 난다. 코비 브라이언트가 안타깝게 유명을 달리한 이후 그를 그리워하는 팬들에 의해 이 박스의 가치는 점점 높아졌다. 현재는 투자 목적의 수집가들 사이에서 엄청나게 비싼 가격에 거래되고 있다. 또 하나의 인기 비결은 단순히 일반 루키 카드 말고도 패럴렐 카드인 리플렉터 카드, 일명 반짝이 카드가 나올 가능성이 있다는 것이다. 현재 코비 브라이언트의 탑스 크롬 루키 리플렉터 카드, 1996 Topps Chrome Kobe Bryant Refractor #138 PSA 10 카드는 15만 달러가 넘는 가격에 거래되고 있다.

2011 탑스 업데이트 야구 박스Topps Update Baseball Box

2000년대 이후에 발행된 박스에서는 루키 카드나 루키 리플렉터 카드 이외에 선수들의 친필 사인 카드나 저지 카드 등도 기대할 수 있다. 그 중 2011년에 발행된 탑스 업데이트 야구 박스에서는 메이저리그 최고의 타자인 마이크 트라웃의 루키 카드가 나올 가능성이 있어서 주목할 만하다.

2017 파니니 프리즘 풋볼 박스Panini Prizm Football Box

NFL에 관심이 있다면, 2017년 파니니에서 발행된 프리즘 풋볼 박스를 눈여겨볼 필요가 있다. 비교적 최근에 발행된 이 카드 박스에서는 현재 NFL 최고의 쿼터백인 패트릭 마홈스Patrick Mahomes 선수의 루키 카드를 기대할 수 있다. 패트릭 마홈스 선수의 프리즘 카드, 2017 Panini Prizm Patrick Mahomes II PRIZM #269 PSA 10은 4천 달러 이상의 가치를 가지고 있으므로 잠재력이 있는 박스다.

박스에도 여러 종류가 있는데, 24팩이 들어있는 하비 박스 Hobby Box에는 선수들의 친필 사인 카드가 무려 3장이나 나오기 때문에 한 박스의 가격이 6천 달러가 넘어가는 상황이다. 소액 투자를 원한다면 친필 사인 카드가 한 장만 보장되면서 가격은 7백 달러 정도로 저렴한 블라스터 박스Blaster Box가 현명한 선택일 수 있다.

PART

3

카드 그레이딩
A to Z

1장

카드 그레이딩,
스포츠카드 투자에 날개를 달다

나는 2020년 5월, 5만 달러에 거래되었던 마이클 조던의 플리어 루키 카드가 8월에 갑작스럽게 10만 달러를 돌파하는 것을 보고, 코로나 이후 공급된 유동성이 나스닥과 S&P500 같은 주식 시장뿐 아니라 스포츠카드와 같은 대체 자산 시장에도 영향을 미치고 있다는 것을 체감하기 시작했다. 가치 있는 스포츠카드들은 상한가를 연일 갱신하였으며, 이는 마치 2020년과 2021년의 국내 부동산 시장의 상승을 보는 것 같았다.

당시 내가 보유한 스포츠카드 포트폴리오에서 가장 큰 비중을 차지하고 있던 케빈 듀란트 선수의 기량도 절정에 달해 NBA의 최고 포워드로 손꼽히고 있었다. 결국 나는 2020년 말, 10년 넘게 보관해왔던 케빈 듀란트 선수의 카드, 그중에서도 제일 가치가 높았던 카드를 매도하기로 하고 준비에 들어갔다.

스포츠카드를 투자의 세계로 끌어올린 카드 그레이딩

내가 카드 판매를 위해 가장 먼저 해야 하는 일은 무엇이었을까? 먼저 공신력 있는 업체를 통해 카드의 상태를 객관적으로 분석해서 얼마나 완벽하게 보존된 카드인지를 인정받는 과정이 필요했다. 한우를 구입할 때도 1등급보다는 1+(원플러스) 등급이 더 비싸고, 1++(투플러스) 등급이 가장 비싼 것처럼 같은 카드라고 해도 상태에 따라 가격은 크게 차이가 난다. 물론 업체를 통해 인정받지 않은 상태에서도 카드를 판매할 수는 있지만, 카드의 시세에 비해 형편없는 가격에 낙찰될 것이 뻔했다.

스포츠카드의 상태를 평가하고 등급을 매기는 과정을 카드 그레이딩Card Grading이라고 한다. 이 과정을 진행하는 그레이딩 회사들이 생긴 것은 1980년대부터였다. 스포츠카드 이외에도 오래된 동전이나 지폐, 만화책이나 잡지 등도 등급을 매기는 대상이었다. 하지만 내가 스포츠카드를 처음 접했던 1990년대 말에는 아직 그레이딩 문화가 널리 퍼지기 전이었다. 나는 당시에 그레이딩된 등급 카드를 본 기억도 없었고, 일반 컬렉터들 사이에서 그레이딩 된 등급 카드를 거래하는 일도 매우 드물었다.

하지만 시간이 지나 내가 본격적으로 투자를 시작한 2000년대 중반에는 그레이딩 회사의 양대 산맥이라고 할 수 있는 Professional Sports Authenticator(PSA)와 Beckett Card Grading Services(BGS)가 컬렉터들 사이에 널리 알려졌다. 그때도 모든 컬렉터가 이 그레이딩 서비스를 이용했던 것은 아니지만 투자와 보관 목적으로 그레이딩 서비스를 이용하는 사람들이 점점 더 늘어나고 있었다. 이후 시간이 흐르면서 그레이딩은 더욱 보편적인 문화가 되었으며, 지금은 투자 가치가 있는 고가의 카드라면 그레이딩을 거쳐 현재의 가치를 인정받는 것이 당연한 순서로 자리 잡게 되었다.

그레이딩이 해결해 준 세 가지 난제

나는 카드 그레이딩이 스포츠카드를 지금과 같이 대체투자의 한 종목, 그중에서도 매우 유망하고 가능성 있는 종목으로 만드는 데 핵심적인 역할을 했다고 생각한다. 스포츠카드 투자를 고려할 때 사람들이 가장 많이 우려하고, 나에게도 많이 물어보곤

하는 세 가지 중요한 난제가 있다. 카드 그레이딩은 해결사처럼 그 모든 난제를 해결했다.

'큰 맘 먹고 스포츠카드를 샀는데, 가짜 카드가 오면 어떡해요?'

스포츠카드 투자를 설명하다 보면 가장 많이 듣는 질문 중 하나이다. 이처럼 수집품 투자를 할 때 해결해야 하는 첫 번째 문제는 투자 물건의 진품 여부를 확인하는 것인데, 그레이딩은 진품과 가품을 감별하는 중요한 역할을 하고 있다. 해외에서 판매하는 고가의 스포츠카드의 경우 보통 한국에서 카드 실물을 직접 보고 거래할 수 없다. 그래서 그레이딩이 되지 않은 물건이라면 해당 물건의 진위를 판단하기가 매우 까다롭다. 국내에서 실물 카드를 보고 거래한다고 하더라도, 혹시나 모를 위조의 가능성으로 인해 큰돈을 내기 부담스러울 수 있다. 그런데 일단 그레이딩을 거친 카드는 진품인 것을 공신력 있는 회사에서 인증받은 것임으로 믿고 거래할 수 있게 된다.

'이 카드가 얼마쯤 할까요?'

그리고 등급을 받지 않은 카드를 주로 거래하던 시절에 발생했던 두 번째 문제는 카드 상태에 따른 시세를 파악하기 어려웠다는 점이다. 수집품인 이상, 스포츠카드도 상태에 따라 가격이 세분화되어야 거래가 쉽고 활발하게 이루어진다. 하지만 예전에는 상태가 '좋으면' 얼마, 상태가 '나쁘면' 얼마 이렇게 주먹구구식으로 거래가 이루어지는 일이 많아서 판매자와 구매자의 의견 차이를 좁히기가 쉽지 않았다.

카드 그레이딩은 정량적인 측정 방법을 통해 카드 상태를 점수로 환산하여 등급을 부여한다. 이렇게 매겨진 점수는 초보자들이 카드의 가치를 파악하기 쉽게 하였으며, 스포츠카드 시장에서 일정한 거래 시세를 형성하는 데 중요한 역할을 했다. 대표적인 카드 그레이딩 회사인 PSA는 홈페이지에서 아예 등급에 따른 카드의 대략적인 시세까지 제공하여, 카드를 매매할 때 참고할 수 있도록 하고 있다.

다음의 그림은 르브론 제임스 선수의 대표적인 루키 카드인 2003 Topps Chrome LeBron James #111 카드를 PSA 홈페이지에서 확인한 것이다. 최고 점수인 PSA 10 카드의 경우 9,800달러, PSA 9의 경우 2,600달러, PSA 8의 경우 1,300달러로 가격이 측정된 것을 확인할 수 있다. 물론 등급 회사에서 안내하는 시세가 절대적인 가격은 아니다. 하지만 이는 해당 카드를 거래

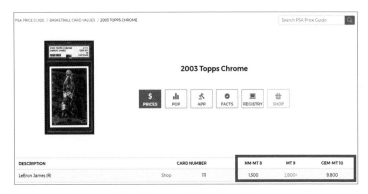

2003 Topps Chrome

DESCRIPTION	CARD NUMBER		NM-MT 8	MT 9	GEM-MT 10
LeBron James (R)	Shop	111	1,300	2,600+	9,800

➙ PSA에서 검색한 르브론 제임스 탑스 크롬 루키 카드의 등급별 카드.
　출처 : PSA 홈페이지 캡처

할 때 최소한의 기준이 되고, 이로 인해 구매자와 판매자 사이의 의견 차이가 줄어든다. 또한 어느 한쪽이라도 너무 무리한 가격을 제시하지 않도록 하고, 가격 협상을 쉽게 하는 효과가 있다.

'카드가 구겨지거나 물에 젖으면 어떻게 해요?'

스포츠카드 투자 시 발생할 수 있는 마지막 문제로는 보관의 어려움과 배송 시 파손 문제가 있다. 카드를 구매한 뒤, 최초 상태 그대로 보관하는 것은 투자에 있어 매우 중요하다. 제대로 보관하지 않으면 모서리가 휘거나 카드가 지저분해질 가능성이 있으며, 기본적으로 종이로 제작되기 때문에 자칫하면 오물이 묻거나 찢어질 위험도 크다. 게다가 간직하고 있는 기간에는 잘 보관했다고 하더라도, 판매를 위해 배송하는 과정에서 손상이 발생할 수 있다.

카드 그레이딩 회사에서는 일단 카드를 수령하여 등급을 매기는 절차가 종료되면, 해당 카드를 소유자에게 그냥 돌려보내지 않는다. 플라스틱으로 된 맞춤 케이스slab를 이용해 카드를 밀봉하여 보낸다. 이 케이스는 의도적으로 부수지 않는 한 카드를 다시 꺼낼 수 없게 설계되어 있으며, 케이스가 파손되기 전까지는 들어있는 카드를 안전하게 보관하는 역할을 한다.

이런 문제가 해결되면서 예전에는 스포츠카드를 투자의 종목으로 진지하게 고려하지 않았던 투자자들도 그레이딩을 마친 카드라면 고민 없이 투자를 진행할 수 있게 되었다. 내가 지속적으로 스포츠카드에 믿고 투자할 수 있는 배경에도 카드 그레이딩이 있다. 이처럼 그레이딩은 스포츠카드가 수집의 세계에서 투자의 세계로 나아가는 데 날개를 달아줬다고 해도 과언이 아니다.

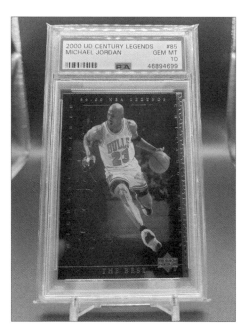

→ PSA 등급 케이스(slab) 예시

2장

그레이딩 결과를 예측하는 방법

내가 듀란트 선수의 카드를 그레이딩 받기로 결정한 뒤, 가장 먼저 알아본 것은 그레이딩 결과에 따른 카드의 시세였다. 판매하려고 했던 2007 Bowman Chrome Kevin Durant Gold Refractor #111 카드의 경우, PSA 10 카드는 전 세계에 4장 밖에 존재하지 않았고, PSA 9 카드는 아예 없는 상황이었다. 당시 스포츠카드의 시세가 가파르게 상승하고 있는 것을 감안했을 때, 만약 내가 소장하고 있던 카드가 그레이딩을 거쳐 최고 등급인 PSA 10으로 돌아온다면 낙찰 예상 가격은 최소 6만 달러였다. 6만 달러라니! 대충 계산해도 7천만 원이 넘는 금액이었다. 하지만 이 금액은 내가 최대한 보수적으로 산정한 것이었고, 희소가치가 매우 높은 카드이기 때문에 막판 경쟁이 붙는다면 10만 달러도 기대할 수 있는 상황이었다. 모든 것이 순조롭게 진행된다는 가정하에 이 카드 한 장으로만 1억 원 이상의 돈을 벌어들일 가능성이 있었다.

등급이 높은 카드의 기준

10만 달러라니! 잠시 머리가 멍해질 정도로 큰 금액이었고, 이 사실을 확인하고 난 뒤에는 어떻게 해서든 최고 등급을 받아야 한다는 생각이 머릿속을 가득 채우게 되었다. 일단 슬리브 밖으로 카드를 조심스럽게 꺼내서 상태를 점검해 보았다. 10년 전 카드를 구매한 이후 단 한 번도 카드 자체에 손을 대지 않고 보관했던 터라, 카드의 모서리와 표면의 상태는 매우 양호하였으며 크롬 카드 특유의 광택도 생생하게 살아있었다. 그레이딩 회사마다 조금씩 차이가 있지만 카드의 등급을 측정할 때는 보통 아래의 4가지 부분을 중점적으로 체크한다. 높은 점수를 받으려면 아래의 기준을 모두 충족해야 하는 것이다.

1) 코너Corner : 카드의 모서리가 마모되지 않고 날카롭게 유지

되고 있어야 한다.

2) 엣지Edge : 카드의 모서리와 모서리 사이의 테두리 부분이 접히거나 구김이 없고, 오염이 없어야 한다.

3) 센터링Centering : 카드의 사진과 테두리 인쇄가 좌/우 혹은 상/하로 치우치지 않고 정중앙에 위치해야 한다.

4) 서페이스Surface : 표면에 변색이나 흠집이 없이 매끄럽고, 처음 인쇄되었을 때의 상태를 그대로 유지하고 있어야 한다.

자세히 관찰해보니 내 카드의 상태는 완벽에 가까워, 크게 감점이 될 만한 요인을 찾기 어려워 보였다. 하지만 육안으로 보았을 때 완벽해 보이더라도 실제로 확대하거나 정밀 장비를 통해 분석했을 때는 흠이 발견될 수도 있으므로 나에게 10점이 아닌 9점으로 돌아올 가능성도 배제할 수 없었다.

만약, 이 글을 읽고 있는 독자 여러분 중에 보관하고 있는 스포츠카드가 있다면 자신의 카드가 어느 정도 기준에 부합하는지 확인해 보는 것도 좋을 것이다. 참고로 아주 오래된(40~50년 이상 된) 빈티지 스포츠카드가 아니라면, 보통은 PSA 7점 이하의 등급 카드는 가치가 거의 없다고 생각해야 한다. 아래의 표를 통해 PSA에서 제공하는 그레이딩 기준을 정리해 보았다.

등급	상태	기준
GEM-MT 10	Gem Mint	완벽한 상태의 카드. 오염이 없어야 함은 물론이고 날카로운 모서리와 완벽한 표면 광택을 유지해야 한다. 선수의 사진과 프레임이 치우침이 없이 카드의 정중앙에 위치하여야 한다.
MINT 9	Mint	매우 우수한 상태의 카드. 뒷면에 아주 작은 얼룩이나 인쇄 과정의 경미한 오차를 제외하고는 흠이 없는 경우.
NM-MT 8	Near Mint -Mint	눈으로 보았을 때는 9점에 가까워 보이나, 자세히 분석했을 때 한두 개의 모서리가 마모를 보이거나 선수의 사진과 프레임이 중앙에서 약간 상하좌우로 치우친 경우.
NM 7	Near Mint	자세히 들여다보았을 때 표면의 마모가 관찰되며, 사진의 초점이 다소 흔들린 경우.
EX-MT 6	Exellent -Mint	표면의 마모나 인쇄 결함을 어렵지 않게 찾아볼 수 있으나, 전체 카드의 형태를 크게 해치지는 않는 경우.
EX 5	Exelelnt	모서리가 둥글게 뭉개진 것이 관찰되며 카드의 테두리가 일부 찢어진 경우.
VG-EX 4	Very Good -Excellent	카드의 표면에 관찰 가능한 구겨짐이나 스크래치가 있는 경우.
VG 3	Very Good	카드의 표면 광택이 소실되고 노랗게 변색되거나 오염된 경우, 외관상 분명한 결함이 잘 관찰되는 경우.
GOOD 2	Good	구겨지거나 찢어진 부분이 여러 부분 관찰되며 심각한 변색이 있는 경우.
PR 1	Poor	카드 일부분이 찢어져 나갔거나 구겨짐과 변형이 심해 선수의 이름이나 얼굴을 잘 확인하기 어려운 경우.

출처: PSA 홈페이지

10점 만점에 9점

PSA 회사로 그레이딩을 보내 10점을 획득하는 것이 가장 좋은 결과겠지만, 9점이 나올 가능성도 충분히 있으므로 만약 9점이 나온다면 시세가 어느 정도일지도 체크해야 했다. 보통 PSA 10 카드가 PSA 9보다 3~4배 비싸게 거래되는 것을 감안한다면, 9점이 나온다고 해도 1만 5천 달러 이상으로 낙찰될 가능성이 컸다. 그것도 투자 금액을 생각하면 정말 큰 금액이었다. 과거에 1만 원에 구매했던 카드가 최소 2천만 원의 수익을 가져다줄 수도 있다고 생각하니 신기하면서도 놀라웠다.

드디어 2020년 말, 모든 준비를 마치고 PSA에 카드를 배송해 그레이딩 절차를 진행하게 되었다. 여러 서류를 작성해서 페덱스 Fedex로 카드를 보내던 그 날의 기억이 아직도 생생하다. 그 이전에 그레이딩을 보낼 때는 항상 카드 앞뒷면에 마분지처럼 두꺼운 종이를 가볍게 덧대는 식으로 간단하게 보호해서 보냈었다. 하지만 이번에는 카드를 최대한 밀봉한 뒤 종이 박스를 양쪽으로 덧댄 것도 모자라 에어캡을 여러 번 감았다. 혹시 소포가 바다에 빠지더라도 문제없을 정도로 안전하게 포장을 진행한 것이다.

고가의 카드는 그레이딩 비용이 비싸게 책정되어 있어서, 결과도 매우 신속하게 나온다. 자본주의의 힘이란! 카드가 PSA에 도착한 뒤 불과 1주일만에 결과를 확인할 수 있었다. 나는 그 1주일 동안 음악 플레이리스트에 2PM의 '10점 만점에 10점'을 넣어 놓고 무한 반복 재생하며 좋은 소식을 기다렸다.

정확히 1주일 정도가 지나자 결과가 이메일로 전해져 왔다. 정말 안타깝게도 10점이 아닌 9점이었다. 진한 아쉬움이 남았으나 유튜브에 올라와 있는 그레이딩 후기 영상 등을 보니, 카드를 아무리 완벽하게 보관했어도 꼭 10점이 보장되는 것은 아니었기에 딱히 불평하기는 어려웠다.

9점이라도 높은 등급이기 때문에 투자 금액 대비 충분히 높은 수익률을 거둘 것으로 예상할 수 있었다. 하지만 사람 마음이 참 간사한 것이 1억 원을 기대하던 상황에서 그 꿈이 무산되고 나니 한동안 속상한 마음을 감출 수 없었다. 정말 한 끗 차이로 1억 원이 날아가는 순간이었다.

3장

그레이딩은
신중하게 결정하라

혹시 현재 스포츠카드를 수집하고 있거나, 과거에 수집해서 보관 중인 스포츠카드 앨범이 있는 독자분들은 여기까지 읽고 나서, '나도 모아 놓은 카드가 있는데, 얼른 카드 그레이딩을 맡겨야겠다!'라는 생각을 할 수도 있다. 하지만 실제로 카드를 비행기에 태워 그레이딩 과정을 거치는 것(컬렉터들은 이를 미국 유학길에 오른다는 표현을 쓰기도 한다)은 매우 신중하게 결정해야 한다. 그레이딩을 보내기 전에는 최소한 세 가지를 확인해야 하며, 모두 긍정적인 결과를 얻었을 때만 진행하는 것을 추천한다.

기대 수익이 그레이딩 비용보다는 높아야 한다

첫 번째로, 내가 등급을 보내려는 카드의 현재 시세를 체크해야 한다. 등급을 매기지 않은 Raw* 카드의 시세를 먼저 확인하고, 등급 카드는 PSA 기준으로 PSA 8부터 PSA 10까지의 시세를 반드시 체크해야 한다. PSA 홈페이지에서 제공하는 Price Guide를 이용하는 것도 좋고, 실제로 온라인에서 어느 정도로 거래가 이루어지는지 검색해보는 것도 필요하다.

독자분 중 누군가의 앨범에 15년 전 사 놓고 잊어버렸던 코비 브라이언트의 루키 카드(1996 Topps Chrome Kobe Bryant #138)가 한 장 있다고 생각해 보자. 이 카드를 Raw 카드 상태로 그냥 판매한다면 얼마를 받을 수 있을까? 현재 시세를 찾아보면 상태에 따라 대략 400~700달러 정도에 거래된다는 것을 알 수 있다. 15년 전 그 카드를 얼마에 샀더라도 이 정도면 분명히 수익권일 것이다. 축하한다! 하지만 왠지 조금 아쉬움이 남으니, 등급 카드의 시세도 함께 살펴보자.

PSA 홈페이지에서 시세를 검색해보면 PSA 8은 1,300달러,

—

* 박스나 팩에서 나온 상태로 보관되어, 아직 그레이딩을 거치지 않은 카드를 말한다.

PSA 9는 2,000달러, PSA 10은 8,750달러의 가격이 매겨진 것을 확인할 수 있다. 실제 거래 가격은 조금씩 변동성이 있지만, 저 가격을 기준으로 움직이게 된다.

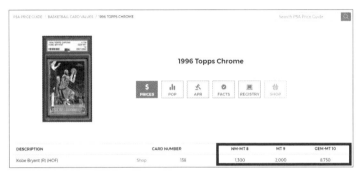

→ 코비 브라이언트 탑스 크롬 루키 카드의 등급별 가격

즉, 그레이딩 과정에서 어느 정도의 수수료를 지불한다고 해도 그레이딩 결과가 PSA 8 이상이라면 수익을 남길 수 있다. PSA 10은 그레이딩을 거치지 않고 판매하는 것보다 10배가 넘는 수익을 올릴 수 있으니, PSA 10이 기대되는 경우라면 반드시 그레이딩을 한 뒤 판매하는 것이 옳다.

그러나 모든 선수의 카드가 코비 브라이언트처럼 높은 수익을 보장하는 것은 아니다. '농구는 신장이 아닌 심장으로 하는 것이다'라는 명언으로 널리 알려진 앨런 아이버슨Allen Iverson은 1996년 전체 1순위로 지명되었고, 183cm라는 작은 키에도 불구하고 폭발적인 득점력을 앞세워 MVP를 차지하는 등 좋은 활약을 했다. 'The Answer'라는 별명으로도 유명한 아이버슨은 한국에도 팬이 매우 많았다. 만약 앨범에 코비 브라이언트 카드와 함께 앨런 아이버슨의 카드도 있었다면 어떻게 해야 할까, 그레이딩을 보내는 것이 좋을까?

DESCRIPTION		CARD NUMBER	NM-MT 8	MT 9	GEM-MT 10
Kobe Bryant (R) (HOF)	Shop	138	1,300	2,000	8,750
Kobe Bryant (R) (HOF) REF	Shop	138	15,000	25,000	135,000
Michael Jordan (HOF)	Shop	139	100	240	1,250
Michael Jordan (HOF) REF	Shop	139	3,500	12,000	
Allen Iverson (R) (HOF)	Shop	171	125	225	1,300

→ 앨런 아이버슨 탑스 크롬 루키 카드의 등급별 가격
  출처 : PSA 홈페이지 캡처

1996 Topps Chrome Allen Iverson #171의 경우 카드 상태에 따라 Raw 카드는 100달러 전후에 거래가 되고 있다. 그런데 등급 카드의 가격도 PSA 8은 125달러, PSA 9는 225달러로 높지 않다. 이때 그레이딩 비용과 해외 배송비, 추후 경매나 판매 시 발생하게 될 수수료 등을 고려하면 그레이딩 결과가 PSA 8로 나올 시 오히려 손해를 볼 수 있다는 결론이 나온다. PSA 9라고

해도 손에 남는 수익금은 몇 푼 되지 않을 수 있다. 물론 PSA 10은 1,300달러의 가격이 매겨져 있으므로 확실하게 수익이 남겠지만, 일반적으로 PSA 10을 받기는 매우 어려운 만큼 신중하게 고민해서 진행해야 한다. 즉 PSA 10의 가격만 보고 그레이딩을 노리는 것은 주의해야 하며, 항상 PSA 8과 9의 가격까지 함께 참고해 결정을 내려야 한다.

만약 내 앨범에 앨런 아이버슨의 카드가 있었다면, 나는 이 카드를 그레이딩 보내지 않고 아이버슨에 대한 추억이 있는 컬렉터에게 적당한 가격으로 판매했을 것이다.

구겨지고 찢어진 카드는 추억으로 간직하자

그레이딩을 보내기 전 두 번째로 확인해야 하는 것은 이미 여러 차례 말한 카드의 상태이다. 아무리 좋은 카드라고 해도 카드의 보관 상태가 불량하다면 좋은 가격을 받을 수 없다는 것을 항상 명심해야 한다. 얼핏 보았을 때조차 카드 상태가 좋지 않아 보인다면 그레이딩 후 8점 이상을 획득하기란 거의 불가능하다. 아쉽게도 7점 이하의 등급 카드는 등급을 받지 않은 Raw 카드

보다도 낮은 가격에 거래되는 경우가 많다. 이런 경우라면 배송비와 그레이딩 서비스 비용을 아껴서 다른 카드에 투자하고, 이 카드는 추억으로 간직하거나 등급을 받지 않은 Raw 카드 상태로 판매하는 것이 좋다(물론, 카드 상태가 좋지 않은 부분은 반드시 판매할 때 사진과 함께 자세히 언급하는 것이 매너이다).

육안으로 보는 것보다 조금 더 확실히 체크하고 싶다면 확대경을 이용하는 것도 좋다. 필자는 등급 결과를 예측하기 위해 인터넷에서 구매한 LED 확대경을 사용하고 있다. 가격도 비싸지 않고 0.5mm 간격으로 눈금도 그려져 있어 표면의 흠집이나 모서리, 센터링을 확인할 때 매우 유용하게 쓰인다. 물론 실제 그레이딩은 전문가가 전문 장비를 이용해서 진행하고, 회사에 따라 AI를 이용해 그레이딩을 진행할 때도 있기 때문에 결과를 100% 예측하기란 불가능하지만 대략적으로는 가능하다. 실제로 내가 그레이딩을 보내면서 9점이나 10점이 나올 것으로 예상한 카드 중에서 8점 이하를 받은 카드는 아직 없다.

장기 보유할 카드를 엄선하여 그레이딩하라

마지막으로 고려할 부분은 오랜 기간 보유할 만한 가치가 있는 카드를 엄선하여야 한다는 점이다. 그 카드 안에 선수가 앞으로 좋은 활약을 이어가고 인기가 유지될 수 있을지 예상한 뒤에 그레이딩을 보내야 한다. 단지 첫인상이 좋았다거나 자신이 좋아한다는 이유로, 이미 전성기가 지났거나 팀 내에서 입지가 불안한 선수의 카드를 그레이딩하는 것은 시간 낭비가 될 수 있다. 한 번은 내가 좋아하는 선수의 카드를 그레이딩 회사로 보내게 되었는데, 가장 저렴한 서비스로 보내서 무려 6개월이 넘게 지난 뒤에야 그 카드를 다시 받게 되었다. 그동안 그 선수는 팀에서 차지하는 비중이 점점 작아지더니 출전 시간이 매우 줄어들었다. 결국 내가 그 카드를 다시 판매할 시간도 주지 않은 채 NBA를 떠나 다른 나라로 향했다. 차라리 그레이딩을 보내기 전 Raw 카드 상태로 판매했다면 카드를 구매한 가격 정도는 회수할 수 있었을 것이다.

또한 좋아하는 선수라고 해서 가치가 높은 카드부터 별다른 가치가 없는 자잘한 카드까지 모두 그레이딩을 보내는 경우가 있는데, 소장 목적이 아니라면 무분별한 그레이딩은 자제하는 것이 좋다. 그레이딩은 딱히 보관이나 유지 관리에 별다른 비용이 발생하지 않는 스포츠카드 투자에서 가장 큰 비용이 발생하는 부분이므로 신중하게 결정해야 한다.

4장

그레이딩 회사와
그레이딩 방법

　고민 끝에 카드 그레이딩을 진행하기로 했다면, 다음 고민은 '과연 어떤 회사에 그레이딩을 맡겨야 하나?'일 것이다. 미국에는 스포츠카드를 그레이딩 하는 회사가 10개도 넘으며, 최근에는 국내에도 그레이딩 회사가 등장했다.

　그레이딩 회사를 결정할 때 가장 중요한 것은 회사에서 제공하는 그레이딩 서비스의 신뢰도이다. 정확한 내부 기준에 의해 표준화된 그레이딩 결과를 제공하는 회사는 시간이 지날수록 신뢰도가 쌓이게 된다. 투자자들은 결국 이렇게 신뢰도가 높은 회사의 그레이딩 카드를 선호할 수밖에 없다. 그리고 이런 선호도는 카드의 가격에도 그대로 반영된다. 똑같은 카드라고 해도 PSA

에서 10점을 받은 카드는 비싸게 거래가 이루어지지만 이름도 들어보지 못한 회사에서 10점을 받은 카드라면 이에 훨씬 못 미치는 가격에 거래되는 식이다. 이외에 그레이딩 회사를 정할 때 고려되는 대상으로는 그레이딩 서비스 요금과 소요 기간, 케이스 디자인 등이 있다.

이번 장에서는 미국의 카드 그레이딩 회사인 PSA, BGS, SGC, HGA, 그리고 국내 유일의 그레이딩 회사인 brg에 대해 간단히 소개하고자 한다. 그레이딩 서비스 요금은 2023년 1월 기준 카드 한 장당 금액이다. 다만 프로모션이나 회사의 정책 변경에 따라 세부적인 부분은 달라질 수 있다.

1) PSA

1991년에 설립된 그레이딩 회사인 PSA(Professional Sports Authority)는 현재 그레이딩 시장에서 독보적으로 1위 자리를 유지하고 있으며, 매년 2백만 장이 넘는 카드 그레이딩을 진행한다. PSA에서는 1~10까지 0.5 간격으로 등급을 매긴다. 그러나 예외적으로 PSA 9.5는 존재하지 않는다. PSA 9 다음은 바로 PSA 10

이며 젬 민트Gem Mint*라고 불린다. PSA의 라벨은 빨간색 테두리 안에 글씨와 로고가 들어간 다소 단순한 디자인이지만, 이 평범한 라벨이 컬렉터들에게 가장 높은 신뢰를 주고 있다. PSA는 소요 기간과 카드의 가치에 따라 다양한 서비스를 제공하고 있으며, 그 비용은 다음과 같다.

PSA 그레이딩 서비스

서비스 명칭	가격	소요 기간	비고
Bulk	$19	약 65일	최소 주문 수량 20장
Value	$25	약 65일	
Value Plus	$40	약 20일	
Regular	$75	약 10일	
Express	$150	약 5일	
Super Express	$300	약 3일	카드의 시세가 $5000 미만인 경우
Walk-Through	$600	약 3일	카드의 시세가 $5000 이상인 경우

PSA의 그레이딩 서비스는 카드 분실시의 보험도 포함되어 있기 때문에, 고가의 카드를 저렴한 서비스 요금으로 그레이딩하는

---

* 그레이딩 회사에서 일반적으로 가장 최고의 등급을 말할 때 쓰인다.

것은 불가능하다. 만약 고가의 카드를 보낸 뒤에 Bulk나 Value와 같이 낮은 그레이딩 비용을 지불하려고 하면, PSA 측으로부터 '이 카드의 가치가 높으므로, 그레이딩을 받고 싶다면 추가 비용을 지불하라'는 연락을 받을 수 있다.

내가 PSA로 그레이딩을 보내고자 했던 케빈 듀란트 카드는 Raw 카드의 가치가 5천 달러보다 높았으므로, 나는 Walk-Through 서비스로 그레이딩을 진행하였다. 실제로 1주일 이내에 모든 절차가 마무리되었다. 만약 그레이딩을 맡기려는 카드의 시세가 1만 달러 이상이라면, Walk-Through보다 더 비싼 프리미엄 서비스를 이용해야 한다(장당 등급 비용이 1천~1만 달러에 달한

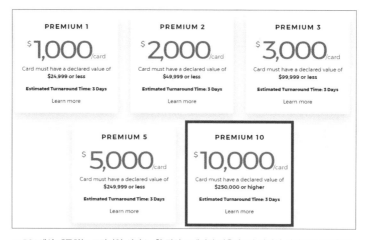

→ PSA에서 제공하는 프리미엄 서비스, 한 장의 그레이딩 비용만 1만 달러인 서비스도 존재한다.

다). 하지만 등급을 받지 않은 Raw 카드의 시세가 1만 달러를 넘는 경우는 극히 드물기 때문에, 이 부분은 일반 컬렉터라면 크게 걱정하지 않아도 무방하다.

투자를 위해서는 그레이딩 비용을 아끼는 것도 필요하다. 그래서 나는 고가의 카드가 아닌 일반 카드의 경우에는 시간이 오래 걸리더라도 Bulk로 진행을 하고 있다. 다만 PSA는 인기가 많은 만큼 카드가 너무 많이 입고되면 저렴한 Bulk와 Value 서비스는 신규 접수를 중단하는 때도 있으므로 그레이딩을 보내기 전에 잘 확인해야 한다.

2) BGS

BGS(Beckett Card Grading Services)는 스포츠카드 관련 잡지를 발행하는 Beckett 사에서 진행하는 그레이딩 서비스다. 과거에는 PSA와 어깨를 나란히 하며 그레이딩 업계의 양대 산맥이기도 했다. 하지만 현재는 PSA의 압도적인 시장 점유율에 다소 위축된 모습이며 후발주자들에게도 위협을 받고 있다. 그래도 오랜 전통을 바탕으로 안정적인 가치를 지닌 브랜드이기 때문에 아직까지도 많은 사랑을 받고 있다. BGS도 1~10까지 등급을 책정하지만 PSA와의 차이는 9.5 등급이 존재한다는 것이다. BGS에서는 BGS 10이 아닌 BGS 9.5를 사실상의 최고 등급으로 책정하여 젬 민트를 부여하고 있다.

그러나 BGS 10도 드물게 존재한다. 이는 젬 민트가 아닌 프리스틴Pristine이라고 부르며 PSA의 만점인 10점 기준보다 훨씬 더 엄격한 기준으로 결정된다. 그래서 동일한 카드의 경우, BGS 10(프리스틴)이 가장 높은 금액으로 가치를 인정받는다. PSA 10(젬 민트)은 이보다는 낮게 거래되고 있지만, BGS의 실질적 최고 등급인 BGS 9.5(젬 민트)보다는 높은 가격에 거래된다.

BGS는 9점까지는 은색 라벨이 들어가며 9.5점과 10점의 경우에만 금색 라벨로 인쇄되어 한 눈에 높은 등급임을 알 수 있도

BGS 그레이딩 서비스

서비스 명칭	가격	소요 기간	비고
Collectors' Special	$18	40~60일	최소 주문 수량 20장
Base	$22	40~60일	
Standard	$40	10~20일	
Priority	$140	2~5일	
Next Day	$400	1일	
Immediate	$500	접수 당일	

록 했다. 10점 중에서도 4가지 세부 항목이 모두 10점인 카드가 따로 있는데, 블랙 라벨(Black Label) 10이라고 부르며, 실제 라벨지 또한 검은색으로 인쇄가 된다. BGS 블랙 라벨 10은 매우 희귀하여 쉽게 접하기도 어렵다. BGS의 그레이딩 비용은 앞 표와 같으며, PSA와 비교하면 저렴한 편이다.

3) SGC

SGC(Sportscard Gauranty Corporation)도 역사가 오래된 카드 그레이딩 회사이며, PSA와 BGS에 이어 3위의 업체라고 볼 수 있다. 검은색이 들어간 모던한 느낌의 라벨지 덕에 SGC를 선호하는 컬렉터들도 있고, 그레이딩 비용 또한 상당히 저렴한 편이다. 가장 저렴한 서비스조차 소요 기간이 5~10일 정도로 짧아서, 결과를 빨리 확인하고 싶은 경우 가성비 좋은 선택지가 될 수 있

SGC 그레이딩 서비스

서비스 명칭	가격	소요 기간
카드의 시세가 $1,500달러 미만인 카드	$18	5~10일
카드의 시세가 $3,500달러 미만인 카드	$85	5~10일
카드의 시세가 $3,500달러 이상인 카드	$125	1~2일

다. SGC의 최고 등급인 SGC 10은 과거 BGS 9.5보다 한참 낮은 가격에 거래되었지만, 지금은 브랜드 평판이 더 높아져서 비슷하게 거래되고 있다. 그레이딩 비용은 앞장의 표와 같다.

4) HGA

HGA(Hybrid Grading Approach)는 앞서 언급한 전통 있는 그레이딩 회사들이 장악하고 있던 시장에 도전장을 내민 많은 신생 회사 중 하나이다. HGA는 다른 회사들의 다소 밋밋한 라벨과는 달리 색채가 풍부하고 트렌디한 라벨을 인쇄하여 인기를 끌기 시작했다. 모든 카드에 똑같은 라벨이 들어가는 타 회사와는 달리 카드의 색에 따라 커스터마이징된 라벨지를 사용하면서 독창성을 인정받은 것이다. 그레이딩 서비스는 Fastest, Very Fast, Popular, Best Value 4가지로 나누어져 있다.

HGA 그레이딩 서비스

서비스 명칭	가격	소요 기간
Best Value	$25	60일
Popular	$40	30일
Very Fast	$50~55	10일
Fastest	$75~80	2일

5) brg

brg는 국내 회사인 ㈜브레이크앤컴퍼니에서 제공하고 있는 그레이딩 서비스이다. brg는 서비스를 시작한 지 얼마 되지 않았으나 현재 국내 컬렉터들에게 큰 인기를 끌고 있다. 맞춤 케이스와 심플한 라벨로, 미국 업체와 비교해도 뒤지지 않는 깔끔함을 자랑하는 것이 특징이다. 현재 스포츠카드뿐 아니라 포켓몬 카드 등의 그레이딩 서비스도 제공하고 있다. 아직까지 해외 컬렉터들에게는 다소 생소한 브랜드지만 한국을 비롯하여 대만, 일본, 홍콩, 싱가폴, 필리핀 등 아시아 여러 지역에서 서비스를 제공하고 있는 만큼 앞으로 발전 가능성이 있는 회사이기에 주목할 필요가 있다. 또한 국내에서 제공하는 서비스라 달러가 아닌 원화로 결제가 가능하다는 점이 특징이다.

brg 그레이딩 서비스

서비스 명칭	가격	소요 기간	비고
Bulk	13,800원	영업일 기준 30일	최소 주문 수량 40장
Regular	19,800원	영업일 기준 15일	
Express	29,800원	영업일 기준 5일	

PART

4

투자를
시작해 보자

1장

나에게 맞는
종목은 무엇일까

스포츠카드가 처음 발행되었을 무렵에는 야구 카드가 카드 시장의 대부분을 차지했지만, 새로운 스포츠가 등장하고 각 스포츠마다 서로 다른 매력이 알려지게 되면서 지금은 매우 다양한 종목의 카드가 발행되고 있다. 실제로 오프라인 카드샵에서 다른 컬렉터들을 처음 만나서 인사를 하게 되면 서로의 이름보다 먼저 묻는 것이 있다. "뭐를 모으시나요?" 바로, 수집하고 있는 스포츠카드의 종목을 확인하는 것이다. 과거 국내 스포츠카드 컬렉터들은 NBA와 MLB를 수집하는 사람들이 대부분이었다. 하지만 최근에는 NFL(미국 풋볼)이나 KBO(한국 프로야구)를 수집하는 컬렉터들도 매우 많아졌다. 손흥민 선수의 활약과 더불어

2022 카타르 월드컵 열기 등으로 인해 축구 카드를 모으는 컬렉터들도 점점 늘어나는 추세에 있다.

투자 종목을 결정하는 것은 스포츠카드에서도 매우 중요하다. 기본적으로는 자신이 좋아하고 잘 아는 종목에 투자하는 것이 가장 좋다. 다만 스포츠 종목에 따라 투자의 난이도와 기대 수익률 면에서 차이가 나기 때문에 투자를 시작하기에 앞서 종목마다 어떠한 특성이 있는지 자세히 알아보도록 하자.

1) 미국 프로야구(MLB)

MLB 카드는 앞서 설명한 것처럼 역사가 가장 긴 스포츠카드이다. 미국에서 야구는 100년 이상의 역사를 지닌 국민 스포츠로 인정받으며, 여전히 많은 팬에게 사랑받고 있다. 특히 야구는 올드팬이 많기 때문에 할아버지가 손자의 손을 잡고 카드샵에 방문해서 응원하는 팀 선수들을 소개해 주며 카드를 사 주는 일도 흔하게 볼 수 있다. 우리나라도 1990년대 LA다저스에서 활약했던 박찬호 선수 덕분에 꽤 오래전부터 메이저리그 경기를 챙겨보는 팬들이 많이 생겨났다. 박찬호 선수의 사진을 담은 스포츠카드도 발행되어 한국 수집가들 사이에서 높은 가격에 거래되곤 했다.

야구에 진심인 우리나라 사람들

투자 관점에서 바라봤을 때 MLB 카드는 몇 가지 분명한 장점
이 있다. 첫 번째로 다른 스포츠보다 진입 장벽이 낮다는 것이다.
우리나라에는 남녀노소를 불문하고 야구를 좋아하는 열광적인
팬들이 많다. 국가대표 경기에도 열광하지만, 본인들이 좋아하는
지역 연고팀에 대한 사랑도 뜨겁다. (참고로 저자는 대전을 연고지로 하
는 한화 이글스의 25년 차 팬으로, 주위 다른 팀 야구 팬들의 동정과 위로를 한
몸에 받고 있다. 그래도 여전히 날씨가 풀리면 주황색 모자와 저지를 챙겨 들고
퇴근 후 야구장으로 향하는 진성 한화 팬이다.) 그래서 야구 경기 규칙이
나 기록, 선수들의 포지션에 대한 이해도도 높은 편이다. MLB 경
기를 관전한다고 하더라도, 선수를 분석하거나 관찰하는 것에 별
다른 어려움을 느끼지 않을 것이다.

또한 최근 발매되는 MLB 스포츠카드의 뒷면을 보면 선수들
의 기록이 자세하게 적혀 있다. 학교를 졸업하고 프로 무대에 처
음 진출한 선수면 고등학교, 대학교 시절에 기록했던 성적이라도
적혀 있는 경우가 많다. MLB 카드에 투자하려는 투자자들은 이

를 바탕으로 홈런이 많은 선수인지, 도루가 많은 선수인지 등을 살펴 이 선수가 어떤 유형인지 대략 짐작할 수 있다. 만약 A라는 신인 선수가 고등학교에서 5할의 타율을 기록하고 몇 경기 뛰지도 않았는데 홈런을 20개 이상 기록하였다면 '저 선수는 성장하기에 따라서 메이저리그에서도 홈런 타자가 될 가능성이 있겠구나'라고 예상할 수 있을 것이다. 반면에 B라는 선수가 마이너리그에서 5년 내내 뛰었는데도 2할 초반대의 타율과 저조한 성적을 보이고 있다면 '저 선수는 특별한 계기가 없는 한 메이저리그에서 만나기는 어렵겠구나'라고 예상해볼 수 있다.

박찬호, 추신수, 류현진… 이정후까지?

두 번째 장점은 다른 종목에 비해 한국 선수가 많이 등장한다는 것이다. 박찬호 선수를 시작으로 메이저리그에서 뛰었던 한국 선수들이 상당히 많으며, 짧게라도 메이저리그 무대를 밟았던 선수들의 카드는 거의 모두 발행되어 있으므로 원한다면 여러 경로를 통해 선수들의 카드를 구매할 수 있다. 현역으로 뛰고 있는 토론토 블루제이스의 류현진 선수와 샌디에이고 파드리스 김하성 선수 같은 경우는 현재도 매년 새로운 카드가 출시되고 있다.

게다가 KBO에서 놀라운 기록을 쌓아가고 있는 키움 히어로즈의 이정후 선수도 이미 MLB 진출을 선언하지 않았는가. 메이저리그 스카우트들도 깊은 관심을 표하고 있어, 몇 년 내로 이정후 선수의 MLB 스포츠카드도 출시되리라고 예상해 본다.

그런데 한국 선수들이 많이 등장하는 것이 왜 장점일까? 한국 선수들에 대한 사랑과 관심, 일명 '국뽕'은 국내 스포츠카드 시장에서 의미 있는 프리미엄으로 작용하기 때문이다. 한국 선수들은 기본적으로 국내 컬렉터들에 의해 비슷한 성적을 기록하고 있는 다른 나라 선수들보다 확실히 높은 가격으로 거래가 된다. 어느 정도 안전마진이 있다고 볼 수 있는 것이다. 류현진 선수와 아주 비슷한 유형의 선수로 꼽히는 데이빗 웰스David Wells 선수는 명예의 전당에 오르지는 못하였지만 메이저리그에서 178승을 거두며 인상 깊은 기록을 남기고 은퇴하였다. 그렇지만 스포츠카드 시장에서는 그렇게 인상적인 모습을 보이지 못하고 있다. 1988년에 돈러스에서 발행된 데이빗 웰스 루키 카드는 최고 등급의 카드라고 해도 고작 30달러 초반, 한화로 4만원 정도에 거래가 되고 있다. 메이저리그에서 오래 뛴 선수라고 해도, 정상에 오르지 못한다면 은퇴 후 스포츠카드의 시세는 지속적으로 하락할 수 있다는 것을 보여주는 것이다. 하지만 만약 다수의 국내 팬을 보유하고 있는 대한민국 최고의 좌완투수 류현진 선수라면 메이저리그 생활을 잘 마무리하고 은퇴한 후에도 류현진 선수에 대한 추억을 가진 우리나라 팬들에 의해 어느 정도의 가치가 유지되리라 생각한다.

깜짝 스타가 많이 등장하는 MLB

세 번째 장점은 다른 종목에 비해 저평가된 선수들을 골라 미리 투자할 수 있는 여지가 있다는 것이다. 메이저리그 팀은 팀마다 25명 내외의 1군 선수단을 운영하고 있다. 그리고 마이너리그 팀도 몇 개씩 가지고 있어서 모두 합치면 실제 구단에 소속되어 있는 선수들의 숫자는 훨씬 많다. 또한 매년 각 팀에서 선발하는 신인 선수들의 숫자도 다른 종목과 비교했을 때 훨씬 많기 때문에, 실제 가진 잠재력에 비해 저평가된 선수들이 항상 존재한다.

그래서 처음 선수 생활을 시작했을 때는 평범하던 선수가 시간이 지나면서 실력을 발휘하는 식의 깜짝스타가 많이 등장한다. 이렇게 숨겨져 있던 보석이 드러나 빛을 발하는 경우가 MLB에서는 자주 일어나는 일이지만, 그중 한 선수의 예를 들어보려 한다.

1965년 미국의 앨빈 고등학교를 졸업한 한 어린 투수는 고등학교 시절 시원시원한 투구 폼이 매력적이었으며, 고등학교 리그에서 한 시즌에 200개가 넘는 삼진을 잡을 정도로 강력한 구위를 선보였다. 몇몇 메이저리그 스카우트들의 관심을 끌기에는 충분한 활약이었지만, 전국적으로 주목받는 유망주는 아니었다. 결국 이 선수는 1965년 메이저리그 신인 선수를 선발하는 드래프트에서 참가 선수 중 295번째, 12라운드에 가서야 뉴욕 메츠의 지명을 받게 된다. 이 투수는 뉴욕 메츠에 입단한 뒤 조금씩 주목을 받는가 했으나 부상을 입어 한동안 운동을 쉬게 된다. 게다가 몸이 회복된 1967년에는 베트남 전쟁에 참전하게 되어 1년을 통째로 더 쉬게 된다.

그는 군 복무를 마친 후인 1968년이 되어서야 겨우 메이저리그에 본격적으로 모습을 드러낼 수 있었는데, 이후 메이저리그를 호령하면서 신기록을 써나갔다. 선수 생활을 하는 동안 무려 5,386이닝을 투구하며 5,714개의 삼진(메이저리그 통산 1위)을 잡았다. 명예의 전당에 입성한 것은 물론이고, 무려 324승을 거두기까지 한 이 투수는 과연 누구였을까? 이 선수의 이름은 바로, 놀란 라이언이다.

2000년에 있었던 한 경매에서 1968년 탑스에서 발행된 놀란 라이언의 카드는 50만 달러에 낙찰되었다. 20여 년 전에도 이미

7억 원에 가깝게 거래되었던 놀란 라이언의 카드를 보면, '1968년에 놀란 라이언의 카드를 구했다면 얼마나 저렴하게 구할 수 있었을까? 단돈 몇천 원, 몇만 원의 투자로 리스크 없는 좋은 투자가 되었을 텐데' 하는 생각이 든다.

옥석 가리기가 어려운 MLB, 올인은 금물

그렇다면 MLB 카드에 투자하는 것의 단점은 무엇일까? 위에서 언급한 투자할 수 있는 선수들이 많다는 장점은 상황에 따라 그대로 단점이 되기도 한다. 많은 선수가 마이너리그에서 활동하며 메이저리그를 꿈꾸지만, 그중에서 메이저리그 입성에 실패하고 눈물을 흘리는 선수들이 상당수이다. 메이저리그에 올라갔다고 해도 높은 벽에 부딪혀 이렇다 할 성과를 거두지 못하는 선수들도 많다.

메이저리그를 잘 아는 독자들도 전혀 들어본 적 없을 것이 분명한 한 선수의 이야기를 해야겠다. 2000년 무렵 메이저리그 피츠버그 파이어리츠 팀에서 뛰었던 존 그라보우라는 선수는 고등학교 시절 지역 리그 MVP로 뽑혔을 정도로 촉망받던 투수였다. 야구계에서 좌완 강속구 투수는 지옥에서라도 데려오라고 할 정도로 희소가치가 높은데, 그는 이미 고등학생 때부터 155km에 가까운 강속구를 뿌리는 좌완투수였다. 그래서 고등학교를 졸업하고 프로 선수를 선발하는 드래프트에 참여했던 그라보우는 전국적으로 인지도가 높았으며, 그 해 여러 팀에서 주목하던 유망주였다. 12라운드에 가서야 전체 295번째로 겨우 드래프트에 지명되었던 놀란 라이언과는 달리, 존 그라보우 선수는 전체 3라운드라는 상당히 높은 순위로 지명되어 피츠버그 파이어리츠에서 선수 생활을 시작하게 된다.

눈치를 챈 독자분들도 있겠지만 이 선수가 내가 앞서 피츠버그 지역 신문사 기자에게 이메일을 보내게 했던 바로 그 선수이다. 2000년 즈음, 우연한 기회에 나는 3천 원 정도에 이 선수의 좋은 카드를 구하게 되었다. 그때는 애리조나 다이아몬드백스에서 김병현 선수와 함께 뛰던 랜디 존슨 선수가 괴물같은 활약을 펼치던 시기였다. 나는 혹시라도 존 그라보우 선수가 성장해서 랜디 존슨과 같은 선수가 되지는 않을지 기대했던 것 같다. 하지만 내 기대와 달리 메이저리그의 벽은 높았고 결국 이 선수는 메이저리그에서 활동하기는 했으나 선발이 아닌 중간계투 투수로 주로 뛰었다. 메이저리그 통산 성적은 24승 19패로 아쉽게도 데뷔 전 기대에는 미치지 못했고, 다소 평범한 성적을 거두고 은퇴하게 되었다. 존 그라보우 선수는 내 예측이 빗나갔던 여러 사례

중 하나라고 볼 수 있다. 군이 야구 카드가 아니더라도, 스포츠 스타들이 정상에 오르기까지는 우리가 예측할 수 없는 수많은 변수가 있으므로 특정 선수 한 명에게 올인하는 투자는 반드시 피해야 한다.

2) 미국 프로농구(NBA)

지난 2020년 4월 넷플릭스에서는 마이클 조던의 이야기를 다룬 다큐멘터리 〈The Last Dance〉가 공개되었다. '마이클 조던과 시카고 불스 왕조의 다하지 못한 이야기'라는 부제를 달고 나온 이 다큐멘터리는 그동안 공개되지 않았던 마이클 조던의 이야기를 다루었다. 이 시리즈는 조용히 현생을 살고 있던 나와 같은 30~40대 올드팬들을 다시 소환하는 계기가 되었다. 실제로 저 시절에 브라운관 TV로 NBA 경기를 지켜봤던 팬들이라면, 모두 이 다큐멘터리를 보고 향수에 젖게 되었을 것이다. 이렇게 팬들을 웃고 울게 했던 마이클 조던과 여러 NBA 스타들 덕분에, 우리나라에서는 다른 스포츠보다 앞서 일찌감치 NBA 카드 수집 문화가 생기게 되었다. 비록 IMF 외환위기로 인해 큰 위기를 겪기는 했으나 아직도 스포츠카드 이야기를 할 때면 많은 사람이 '스포츠카드? 아, 그 NBA 카드 말인가요?' 하는 반응이다. 그리고 기존 컬렉터들 외에 수집이나 투자를 위해 시장에 새로 진입하는 사람 중에서도 NBA 카드를 통해 입문하는 사람이 가장 많다. 이처럼 NBA 카드가 현재 국내 스포츠카드 시장에서 큰 비중을 차지하고 있는 것은 분명한 사실인데, NBA 카드 투자의 장점은 크게 두 가지를 꼽을 수 있다.

국내에서도 거래가 활발한 NBA 스포츠카드

첫 번째 장점은 NBA는 국내 카드 시장에서 거래가 가장 활발한 종목이라는 점이다. 현재 스포츠카드 수집을 취미로 하는 분들은 네이버 카페에서 많이들 활동한다. 네이버의 스포츠카드 관련 카페에서는 온라인으로 카드 구매와 판매가 모두 가능하기 때문이다.

NBA 카드는 실시간으로 카페에 올라오는 매물의 수도 많고, 오프라인 매장에서 구할 수 있는 카드도 많다. 컬렉터들이 보유하고 있는 카드의 수도 상당하기 때문에, 다른 종목에 비해 국내에서 원하는 선수의 카드를 구할 가능성이 가장 크다.

국내에서 스포츠카드를 거래하게 되면, 해외에서 카드를 구매하는 것과 비교할 때 일단 언어의 장벽이 없고 비싼 해외 배송료를 지불하지 않아도 되기 때문에 유리한 점이 많다. 그리고 판매자들도 급하게 처분해야 하는 물건의 경우, 시간이 오래 걸릴 수 있는 해외 판매보다는 국내 컬렉터들에게 판매하는 것을 선호하기 마련이다. 빠르게 현금화를 하기 위해 국내 시장에 물건을 내놓을 때에는 판매자들도 대체적으로 합리적인 가격에 매물을 내놓게 되는데, 구매자 입장에서는 상황에 따라 원하는 카드를 시세보다 싼 가격에 구할 수 있다. 모든 투자의 기본은 '싸게 산다'라는 것이기 때문에, NBA 카드 투자를 고민 중이라면 이 부분은 큰 장점으로 작용할 수 있다.

농구는 선수 분석이 쉬운 종목

투자 관점으로 접근할 때 NBA 스포츠카드의 또 하나의 장점은 선수들을 분석하는 것이 비교적 간단하다는 점이다. 농구는 실제로 경기에서 플레이하는 선수가 한 팀당 5명뿐이기 때문에 경기를 보고 있으면 선수 한명 한명의 플레이가 매우 눈에 잘 들어온다.

얼마 전 만화 〈슬램덩크〉의 극장판 애니메이션 〈더 퍼스트 슬램덩크〉가 개봉하자, "왼손은 거들 뿐"이라는 유행어에 익숙한

30~40대 아저씨 팬들은 추억을 곱씹으며 영화관으로 줄지어 향했다. 국내에서만 400만 관객을 가볍게 돌파한 이 애니메이션의 주인공들을 보면 농구 포지션의 특징을 쉽게 이해할 수 있다. 골대 밑을 장악하는 '고릴라' 센터 C 채치수, 몸싸움하며 리바운드를 따내고 궂은일을 하는 파워포워드 PF 강백호, 폭발적인 득점력을 가진 에이스 스몰포워드 SF 서태웅, 정확한 3점 슛으로 경기를 한 방에 뒤집는 3점슈터 슈팅가드 SG 정대만, 그리고 빠른 드리블과 넓은 시야, 정확한 패스로 경기를 조율하는 포인트가드 PG 송태섭까지. 북산의 5명은 각자 포지션에 최적화된 이상적인 모습을 하고 있다. 슬램덩크에서 그려낸 것처럼 현대 농구에서는 선수들의 역할이 5개의 포지션으로 잘 나누어져 있으므로, 경기에 집중하다 보면 어떤 포지션의 선수가 눈에 띄는 활약을 하고 있는지 비교적 쉽게 관찰할 수 있다.

그리고 매년 전 세계의 농구 유망주 중에서 신인 선수 드래프트를 통해 NBA에 입성하는 선수들은 고작 60명 정도이다 보니 신인 선수들을 분석하는 데 걸리는 시간도 짧은 편이다. MLB의 경우 매년 많은 수의 신인들이 등장하므로 모든 신인 선수를 분석한다는 것은 사실상 불가능하다. 하지만 NBA는 하루 정도만 투자해도 그 해의 신인 선수들을 모두 조사해볼 수 있다. 신체 조건이 어떤지, 얼마나 좋은 경기력을 보이고 있는지, 부상을 걱정해야 하는 플레이 스타일은 아닌지 등을 체크하면서 투자할 선수를 찾는다면 투자의 성공률을 더욱 높일 수 있다.

3) 미식축구(NFL), 아이스하키(NHL)

미국의 4대 스포츠로 꼽히는 인기 스포츠에는 앞서 이야기한 MLB와 NBA 외에 미식축구(NFL)와 아이스하키(NHL)가 포함된다. 미식축구는 미국 내 인기가 폭발적이며, 매년 2월에 진행되는 결승전, 일명 슈퍼볼Super Bowl은 연례 행사 중 하나이다. 전 세계에서 벌어지는 스포츠 이벤트 중 단일 경기로는 가장 큰 이벤트이기도 하다. 슈퍼볼은 심지어 월드컵 결승전과도 비슷한 시청률과 흥행을 기록한다. 4년에 한 번 열리는 월드컵과 달리 매년 열리는 이벤트인데도 월드컵 결승전 못지 않은 인기를 자랑하는 것을 보면 미식축구에 대한 미국 사람들의 큰 관심과 애정을 짐작해볼 수 있다. 슈퍼볼 하프타임 광고비는 2019년에 이미 30초 기준 520만 달러에 육박했으며, 한국의 기아자동차도 이러한 광고 효과를 누리기 위해서 슈퍼볼 광고를 진행했던 적이 있다.

하지만 미식축구의 뜨거운 열기는 농구, 야구와 달리 북미 지역을 벗어나는 순간 급격하게 차가워지는 경향이 있다. 한국에서도 마찬가지로 제대로 된 대접은 받지 못하고 있다.

높은 진입 장벽은 투자를 어렵게 하는 요소

농구와 야구, 축구를 모두 좋아하는 나는 미식축구에도 애정을 갖기 위해 꽤 노력해 보았다. 일단 한국어 중계방송은 기대할 수 없으므로 인터넷을 통해 무작정 슈퍼볼 같은 미식축구의 하이라이트 영상을 찾아보곤 했었다. 하지만 사전 설명이 없는 상태에서 경기를 지켜봤을 때는 대체 선수들이 지금 뭘 하는 건지, 누가 이기고 있는 건지 전혀 알 수가 없었다. 엄청나게 빠르고 파워풀하며, 때론 저래도 되나 싶을 정도로 과격한 스포츠라는 부분만 직관적으로 알 수 있었다. 하지만 점수를 어떻게 내는 건지, 왜 잘 가다가 다시 멈추는 건지, 그리고 손으로 던지고 들고 뛰는 운동인 줄 알았는데 공을 발로 차는 것은 어떤 경우인지 등 많은 궁금증이 남았다.

결국 영상을 많이 접하고 인터넷으로 관련 규정을 찾아보고서야 조금씩 이해가 되기 시작했다. 그리고 미식축구를 다룬 영화인 〈블라인드 사이드The Blind Side〉도 도움이 됐다. NFL 선수였던 마이클 오어의 실화를 바탕으로 만들어진 이 영화는 세세한 규칙을 전부 설명해주지는 않지만 대략적인 경기의 흐름을 이해할 수 있게 해주기에 미식축구에 대한 이해를 높이고 싶은 사람들에게 추천한다.

이렇게 노력한 나조차도 아직 경기 내용이 한눈에 잘 들어오지는 않는다. 이렇게 높은 진입 장벽 탓에 국내에서 미식축구 팬이 늘어나기는 쉽지 않아 보인다. 국내 스포츠카드 투자자들이 미식축구 종목에 투자를 망설이는 요소다.

캐나다의 국민 스포츠, 아이스하키

미국의 4대 스포츠 중 마지막 하나인 아이스하키(NHL)는 캐나다에서는 명실상부한 No. 1 국민 스포츠라고 할 수 있다. 우리에게는 일반적으로 아이스하키Ice hockey라고 알려져 있으나, 북미에서는 아이스하키를 지칭할 때 그냥 하키Hockey라고 부르고 있다. 하키 프로 리그인 NHL도 National Hockey League의 줄임말이다.

하키는 겨울 스포츠라서 날씨가 추운 캐나다와 미국 동북부지역에서 인기가 많다. 미네소타는 하키의 수도로 알려져 있을 정도로 하키의 인기가 뜨거우며, 뉴욕과 미시건에서도 많은 사랑을 받고 있다. 반면 날씨가 따뜻한 미국 남부지역에서는 미식축구의 인기가 뜨거우며, 상대적으로 하키에는 관심이 높지 않다.

실제로 2022년 미국 하키 협회에서 발표한 조사 결과에 의하면 미국에서 하키 선수들이 가장 많이 등록된 지역은 미네소타(58,666명), 매사추세츠(46,966명), 뉴욕(46,410명) 등이었다. 반대로 등록된 선수들이 가장 적은 지역은 하와이(25명), 미시시피(246명), 루이지애나(294명)으로 모두 매우 따뜻한 기후를 지닌 지역이었다. 1990년대 이후 NHL에서는 미국 남부 지역에 새로운 하키 프로팀을 만들거나 다른 지역의 팀을 남부지역으로 이전하는 등 미국 전역으로 하키의 영향력을 확대하려는 움직임을 보이고 있다. 하지만 따뜻한 지역일수록 하키를 즐기기 어려운 것은 사실이기 때문에, NHL의 그런 시도가 긍정적인 결과로 이어질지는 조금 더 지켜봐야 할 것이다. 현재 국내에서도 하키를 전문적으로 수집하는 컬렉터는 거의 없는 것으로 알려져 있다. 나에게도 아이스하키는 생소한 종목이라, NHL의 마이클 조던이라고 불리는 전설적인 선수 웨인 그레츠키의 이름 정도만 기억에 남아 있다.

잘 모른다면 투자를 조심해야 한다

그렇다면, NFL과 NHL의 스포츠카드에 투자하는 것은 어떨까? 일단 두 스포츠 모두, 해당 스포츠에 대한 지식이 없다면 섣불리 손대지 않는 것이 좋다. 해당 스포츠의 규칙도 잘 모르고, 그 선수가 어떤 선수인지도 모르는 상태에서 투자하는 것은 주식 투자를 할 때 회사의 이름만 보고 투자하는 것과 비슷하다. 주식 투자를 위해 종목을 선정할 때는 적어도 그 회사가 어떤 사업을 하고 있으며 어느 정도의 수익을 내고 있는지, 전망이 어떤지 정도는 알고 투자를 하는 것이 옳다. 이와 마찬가지로 스포츠카드에 투자할 때도 해당 스포츠와 선수에 대한 이해가 반드시 필요하다. 그 스포츠에 대해 현재 잘 모르는 상태이고 관심도 없다고 하면 굳이 그 종목에 투자를 할 이유가 있을까? 지속적으로 관심을 가진 후 해당 스포츠에 대한 이해도가 높아지고, 선수들에 대한 애정이 생긴 뒤에 투자를 결정해도 늦지 않을 것이다.

미식축구나 하키 전문가에겐 좋은 기회가 될 수도 있다

본인이 해당 종목을 직접 플레이해본 적이 있거나 미식축구나 아이스하키에 대한 이해도가 높다면 이야기는 조금 달라진다. 심지어 이미 그 종목에 좋아하는 스타들이 있다면, 얼마든지 투자를 고려할 만하다. 특히 국내 시장에서는 NFL과 NHL 카드를 찾는 컬렉터가 많지 않은 상황으로 좋은 매물이 경매나 거래 매물로 나와도 관심을 두는 사람이 적다. 이런 상황에서 다른 투자자들보다 종목을 잘 아는 투자자라면 유리한 고지를 선점할 수 있고, 저렴한 가격에 좋은 물건을 구매할 가능성이 크다.

4) 축구

축구는 축구공 하나만 있으면 어디서든 플레이를 할 수 있어서 다른 종목에 비해 접근이 쉽다. 그래서 지역을 가리지 않고 세계적으로 큰 인기를 끌고 있다. 게다가 최근 스포츠카드 시장에서 가장 빠르게 성장하고 있는 종목이기도 하다. 이전까지는 미국을 포함한 북미 지역에서 크게 주목받지 못했었던 까닭에 스포츠카드 시장의 주류가 되지는 못했었다. 미국을 중심으로 하는 미국 4대 스포츠와는 달리 여러 나라에 다양한 리그가 존재해서 투자자 입장에서는 투자 목적으로 접근하기 어려운 부분이 있었기 때문이다. 하지만 파니니와 탑스에서 다른 종목에서 오랜 기간 쌓아온 노하우를 접목해 축구 카드를 지속적으로 발매하기 시작하면서 팬들에게 점점 더 좋은 반응을 얻고 있다.

성장 가능성이 큰 축구 스포츠카드 시장

축구 카드에 투자하는 것의 최대 장점은 다른 종목과 비교했을 때 성장 가능성이 크다는 점이다. 축구에서도 인기 있는 선수들의 카드는 점점 가격이 오르는 추세이지만 아직도 다른 종목에 비하면 저렴한 편이다. 그리고 세트의 종류가 많지 않으므로 비교적 적은 수량의 카드가 발행되고 있다(NBA 카드는 매 시즌 수십 가지 세트의 카드가 출시되고 있다). 전체 발매 수량이 작으면 카드의 희소가치는 더 높을 수밖에 없다는 점을 다시금 기억하자.

노르웨이 출신으로 맨체스터 시티에서 뛰고 있는 스트라이커 엘링 홀란드Erling Braut Haaland는 2000년생이지만 이미 챔피언스 리그와 프리미어 리그 모두에서 압도적인 활약을 보여주며 앞으로의 미래가 매우 기대되는 선수이다. 2019년 탑스에서 출시된 UEFA 챔피언스 리그 카드에 홀란드 선수의 카드가 포함되었고, 이 카드(2019-20 Topps Chrome UCL Erling Haaland #74) 중에서 상태가 우수하여 최고 등급(PSA 10)을 받은 카드는 지금까지 전 세계에 약 900장 정도가 존재하고 있다. 현재 시세는 200달러 정도이다.

종목이 다르므로 단순 비교는 어렵지만, NBA에서도 축구의 홀란드처럼 장래가 촉망되는 유망주로 뉴올리언스 펠리컨스 소속의 자이언 윌리엄슨Zion Williamson이 있다. 자이언의 카드 중에 파니니 프리즘 브랜드에서 출시된 2019 Panini Prizm Zion Williamson #248의 경우, 같은 최고 등급(PSA 10)의 카드가 약 150~200달러 정도에 거래되고 있다. 두 카드가 비슷한 가격에 거래되고 있는 모습이다. 하지만 홀란드의 탑스 챔피언스 리그 카드가 전 세계에 고작 900장 정도만 존재하는 데 반해 자이언 윌리엄슨 선수의 파니니 프리즘 카드는 무려 22,000장이 넘는 수량이 존재하고 있는 것을 확인할 수 있다. 축구선수들의 카드가 희소성에 비해 아직은 저렴한 가격에 거래되고 있는 것이다. 축구 스포츠카드 시장의 성장세를 감안할 때 이렇게 저평가를 받고 있는 부분은 오히려 기회로 작용할 수 있다.

이베이에서 2021년 발표한 「States of Trading Cards」 보고서에 따르면 2020년 이베이에서 거래된 스포츠카드를 분석한 결과, 2019년과 비교해 전체적인 시장 규모가 142% 성장했다고 한다. 종목별로 살펴보면 야구와 풋볼은 각 73%, 168% 성장하는 것에 그쳤다. 반면 축구는 1년 동안 무려 1586%나 성장했다고 하니 축구 스포츠카드 시장의 무궁무진한 잠재력을 짐작할 수 있다.

요즘 한국에서도 초등학생들에게 가장 인기 있는 스포츠로 축구가 꼽히고 있으며, 야구나 농구에 비해 클럽 활동 및 사교육도 활발히 진행되고 있다. 농구 선수의 이름이라고는 허재밖에 모르는 초등학교 엄마들이 '우리 아이는 플레이 스타일이 나폴리에서 뛰고 있는 김민재 선수 스타일이에요'라고 이야기할 정도라고 하니 최근 축구의 인기를 실감할 수 있다. 만약 축구에 빠진 아이에게 과거에 펠레와 마라도나, 그리고 현재에 메시와 호날두같이 훌륭한 선수가 될 유망주들을 찾아내 그 선수의 스포츠카드를 선물한다면, 아이가 어른이 되었을 때 상상도 못 할 큰 수익을 가져다줄 수도 있을 것이다.

5) 국내 프로스포츠

한국 스포츠카드의 시초와도 같은 테레카의 프로야구, 프로농구 카드가 제작 중단된 이후 한동안은 국내 프로스포츠를 대상으로 하는 스포츠카드를 찾아보기 어려웠다. 2000년에서 2010년 중반까지는 국내 스포츠카드 컬렉터들은 국내에서 생산된 스포츠카드 대신 NBA나 MLB 스포츠카드를 수집하며 아쉬움을 달래야 했다. 하지만 수집 문화가 발달하면서 이제는 국내 프로 스포츠를 다룬 카드도 많이 발매되고 있다.

애니메이션과 캐릭터, 브랜드 사업을 하는 대원미디어에서는 프로스포츠 라이선스를 획득해서, 2017년부터 SCC 브랜드로 한

→ 한화 이글스 정우람 선수의 친필 사인이 들어간 SCC 오토 카드.

국 프로야구 스포츠카드를 출시하고 있다. 프로야구의 경우 팀마다 연고지를 중심으로 많은 열혈 팬을 보유하고 있기 때문에, 프로야구 스포츠카드가 다시 발매되기 시작하자 프로야구 팬들은 자신이 좋아하는 팀 선수들의 카드를 수집하기 시작했다.

또한 응원하는 팀과 상관없이 롯데 자이언츠의 이대호 선수나 기아 타이거즈의 양현종 선수 같은 레전드 선수들의 카드는 비싼 가격에 거래되고 있다. 키움 히어로즈의 이정후 선수나 한화 이글스의 문동주 선수 같이 촉망받는 유망주들의 카드 역시 큰 인기를 끌고 있다. 스포츠카드 관련 대표 커뮤니티인 월드스포츠카드에서는 한국 프로야구 매매 게시판을 별도로 만들 정도로 거래가 활발한 상황이다.

그리고 대원미디어에서는 프로배구(KOVO)를 다루는 스포츠카드 또한 출시하고 있다. 프로배구는 김연경 선수를 앞세운 여자배구 카드가 남자배구보다 더 인기가 좋다는 특징이 있다.

스포츠카드 판매, 유통 사업을 진행하고 있는 ㈜탑브레이커는 2021년 7월부터 국내 스포츠카드 제작에도 뛰어들어, 현재 VIA라는 브랜드를 달아 출시하고 있다. VIA 스포츠카드에서는 한국여자프로농구협회(WKBL)와 독점 라이선스 계약을 맺고 여자프로농구 카드를 발매하고 있다. 또한 박철순 선수나 이상훈 선수

같은 두산 베어스와 LG 트윈스의 레전드 선수들의 카드를 만나볼 수 있는 VIA 두산 LG 잠실 라이벌 시리즈도 출시하여 판매 중이다.

거래가 편한 국내 스포츠카드, 한정된 수요는 문제

만약 해외 스포츠보다 국내 프로야구나 프로배구를 더 좋아한다면 국내에서 출시된 스포츠카드에 투자하는 것은 어떨까? 국내에서 출시된 카드의 퀄리티는 예전과 비교하면 정말 우수해졌다. 아직까지 미국에서 생산하는 스포츠카드를 완벽하게 따라 잡았다고 하기는 어려우나 격차가 많이 좁혀진 것은 분명한 사실이다. 또한 국내 제작사에서도 이제는 단순히 카드만 인쇄하는 것이 아니라 한정 카드를 만들고 직접 선수들에게 받은 친필 사인을 넣어 카드를 만드는 등 다양한 시도를 하고 있다.

그리고 미국 프로스포츠 인기 스타들의 카드에 비해 저렴한 가격에 카드를 구할 수 있으며 모든 거래가 국내에서 비교적 쉽게 이루어진다는 것도 국내 스포츠카드 투자가 가진 장점이라고 할 수 있다.

하지만 투자를 고려할 때 간과할 수 없는 부분은 국내에서 생산된 스포츠카드에 관심을 가지는 팬들은 아직까지 대부분 국내 컬렉터들뿐이라는 점이다. 물론 점차적으로 수집 문화가 발달하면서 국내 스포츠카드 시장도 지속적으로 성장하겠지만, 아직까지는 카드를 구하려는 수요가 한정적이라고 볼 수 있다. 그러므로 국내 스포츠카드에 투자할 때는 본인이 좋아하는 팀과 선수라고 해서 너무 무리해서 투자를 하는 것보다는 보수적인 관점으로 접근하는 것을 추천한다.

2장

나만의 선수를 찾는 재미, 스포츠카드 투자도 손품이 필요하다

나는 부동산을 매수할 때, 실제로 임장*을 가기 전에 네이버 부동산과 '호갱노노' 같은 앱을 이용해 온라인에서 간단히 확인할 수 있는 정보들을 먼저 체크한다. 지하철과 버스 등 대중교통은 편리한지, 초등학교의 위치와 통학 동선도 반드시 확인하는 편이다. 때로는 거리뷰를 이용해서 혹시 언덕이 있지는 않은지도 확인하고, 주변 아파트와의 시세 비교나 주변의 신규 공급 물량을 확인하는 것도 필수적이다. 그렇게 최종 후보에 오른 단지

---

* 부동산을 매수하기 전 미리 해당 지역에 직접 방문하여 교통, 학교, 편의시설 등을 전반적으로 파악하는 것을 말한다.

들은 직접 발품을 팔아 현장의 분위기까지 파악하곤 한다. 주식 투자도 마찬가지로, 관심 종목은 회사의 사업과 지배구조를 최대한 들여다보려고 노력한다. 사업이 얼마나 지속적으로 성장할 수 있을지 알아보는 데 많은 시간을 들이는 것이다.

　이처럼 스포츠카드에 투자할 때도, 먼저 투자 대상이 되는 스포츠 선수를 결정하는 데 충분한 시간을 들여야 한다. 후보가 되는 여러 명의 선수를 검토해서, 내 소중한 돈을 투자할 만한 선수인지 아닌지 확인해야 한다. 선수들을 분석할 때는 경기 기록은 물론이고 스카우트들의 리포트, 선수의 신체적인 조건, 운동능력, 플레이 스타일과 프로의식, 자기 관리 능력 등을 최대한 확인하여야 한다. 물론, 마지막까지 고민이 될 정도로 엇비슷한 선수가 있다고 한다면 선수의 외모 또한 중요한 고려사항이 될 수 있다. 선수들을 찾는 과정은 실제로 돈을 쓰기전 단계이므로 부담이 전혀 없다. 스포츠 팬들에게는 마치 시뮬레이션 게임을 하는 것처럼 재미있는 단계라고 할 수도 있겠다. 내가 선수들을 분석할 때 반드시 확인하는 몇 가지 부분을 함께 살펴보자.

경기 기록

투자에 앞서 스포츠 선수들의 아마추어 시절 경기 기록이나, 해외 리그 경기 기록을 체크하는 것은 매우 중요하다. 가장 객관적으로 선수의 능력을 평가할 수 있는 지표이기도 하며, 스포츠에 관심이 많은 투자자의 경우 경기 기록만 검토해 봐도 그 선수가 어떤 유형의 선수인지 그려지기도 한다.

NBA 역사상 최고의 슈터라고 할 수 있는 골든스테이트 워리어스의 스테판 커리Stephen Curry는 고등학교를 졸업할 무렵 키가 180cm에 불과했고, 체중은 72kg로 농구 선수치고는 매우 빈약한 신체 조건을 갖고 있었다. 유명한 대학교에서는 커리에게 입학 제의를 하지 않았고, 결국 그는 거의 무명에 가까운 데이비슨 칼리지에 진학하게 된다(데이비슨 칼리지는 대한민국의 이현중 선수가 다녔던 그 학교이다).

5명이 플레이하는 농구에서 혼자 잘한다고 해도 경기를 뒤집기는 정말 쉬운 일이 아니다. 그런데 대학교 1학년이었던 커리는 무명의 데이비슨 칼리지를 이끌고 미국 대학 농구 NCAA에서 8강까지 오른다. 이 대회에서 그는 평균 21.5득점을 기록했는데, 이는 대학교 1학년으로서는 2위에 해당하는 득점 기록이었다.

그의 슈팅은 점점 좋아져, 3학년 때는 평균 28.7득점이라는 높은 기록까지 달성했다.

약체인 팀의 에이스였던 탓에 분명히 상대 팀의 집중 견제가 심했을 텐데도 뛰어난 슈팅 능력으로 그 견제를 뚫어낸 것으로 보인다. 이러한 출신 학교와 경기 기록만 검토하더라도 '스테판 커리는 NBA에서도 좋은 슈터로 성장할 수 있겠군'이라는 판단을 내릴 수 있다. 물론, 결과적으로 커리는 단순히 좋은 슈터가 아닌 NBA 최고의 슈터로 성장하게 되었다. 커리의 경기력을 믿고 투자했던 사람은 지금쯤 큰 수익을 기록하고 있을 것이다. 즉, 경기 기록을 검토하는 것은 선수를 찾는 과정에서 가장 먼저 해야할 일이다.

스카우팅 리포트

메이저리그에서는 아마추어 선수들이나 해외 리그의 좋은 선수들을 대상으로 스카우팅 리포트를 발행하고 있다. 요즘은 크게 힘들이지 않고 이 리포트를 검색해보는 것이 가능하다. 여기 한 선수의 스카우팅 리포트를 읽어 보자.

"이 선수는 88~92마일의 공을 던지며, 최대 94마일도 던질 수 있는 능력이 있다. 공이 그렇게 빠르지는 않으나 매우 정확한 제구력을 갖고 있으며, 아주 훌륭한 체인지업을 던진다. 또한 슬라이더와 느린 커브볼도 던질 수 있다. 이 선수는 고등학교 때 토미 존 수술을 받아 내구성에 대한 꼬리표가 따라붙고 있으나, 또 다시 건강 문제가 생기지 않는다면 200이닝 이상을 소화할 수 있는 투수이다. 어느 메이저리그 팀에서도 3선발 정도는 할 수 있는 재능 있는 투수로 판단된다. 비교 대상 선수comparison는 퍼펙트게임을 기록했던 좌완 투수, 데이비드 웰스이다."

이 스카우팅 리포트는 2012년, 베이스볼 아메리카에서 발행한 류현진 선수의 리포트이다. 지금 돌이켜봤을 때, 상당히 정확한 분석임을 알 수 있다. 그리고 현재 리그에서 활약하고 있는 선수 중 비슷한 유형의 선수를 말하는 '비교 대상 선수'는 선수의 미래를 예상하는 데 도움이 될 수 있다. 실제로 리포트에서 언급된 데이비드 웰스는 2020년 본인의 트위터를 통해 메이저리그에서 자신과 가장 비슷한 선수는 류현진 선수라고 밝히기도 하였다. 이처럼 선수들의 리포트를 분석하고 비교 대상 선수를 체크하는 것은 마치 기업의 사업 보고서나 증권사의 종목분석 리포트를 읽는 것과 유사하다. 스카우팅 리포트에는 해당 선수의 장점과 단점이 자세하게 기록되어 있으므로, 선수의 카드를 구매하기 전에 리포트를 반드시 체크하도록 하자.

신체 조건과 운동능력

전 세계 최고의 농구 선수들이 모이는 NBA, 그중에서도 신체적인 조건이 우월했던 선수는 누가 있었을까? 축복받은 신체 조건과 운동능력을 지녔던 선수 중 괴물 센터 샤킬 오닐이 있다. 그는 216cm의 키에 140kg이 넘는 몸무게를 앞세워 리그를 지배했던 최고의 센터였다. 양팔을 벌린 길이인 윙스팬은 230cm가 넘었으며 손의 크기도 매우 커서(농구는 손이 클수록 좋다) 농구공을 쥐었을 때 일반 사람들이 장난감 농구공을 쥔 것처럼 작게 느껴질 정도였다. 몸이 굼뜨냐 하면 그것도 아닌 것이, 마이클 소년과 1대1로 농구 시합을 해도 속도에서 뒤처지지 않을 정도의 가히 사기적인 운동능력을 갖고 있었다. 샤킬 오닐이 골대 밑에서 버티고 있으면 다른 팀의 센터들은 튕겨 나오기 일쑤였으며, 때로는 힘으로 밀어붙이고 때로는 그림 같은 스핀 무브로 덩크를 꽂아대니 대응할 방법이 거의 없었다.

루이지애나 대학교를 다니다가 NBA의 지명을 받아 올랜도 매직에서 데뷔한 샤킬 오닐은 마이클 조던 이후 처음으로 루키 시즌에 올스타에 뽑히는 영광을 누렸다. 또한 경기당 23득점, 13리바운드를 기록하며 신인왕도 수상하게 되었다. 그 이후에도 2번의 득점왕을 기록하고 커리어 내내 꾸준한 활약을 보여주면서 무난하게 명예의 전당에 입성하였다.

NFL에서는 매년 아마추어 선수들을 대상으로 선수들의 운동능력을 평가하는 스카우팅 콤바인scouting combine*을 실시하는데, 이런 공인된 테스트 결과를 분석하는 것도 선수들의 운동능력을 파악하는 데 큰 도움이 된다. 이 결과는 인터넷을 통해 쉽게 확인할 수 있다. 최근에는 팬들이 콤바인 현장에 참여해 선수들의 잠재 능력을 눈으로 직접 확인하기도 한다.

로스앤젤레스 램스의 애런 도널드Aaron Donald 선수는 2014년 NFL 드래프트 당시 측정한 콤바인에서 40야드 달리기 4.68초, 10야드 스플릿 1.59초, 벤치프레스 35회 등 거의 모든 영역에

—

* 인디애나폴리스에 위치한 루카스 오일 스타디움에서 매년 열리는 아마추어 풋볼 선수들의 쇼케이스를 말한다. NFL 진출을 목표로 하는 풋볼 선수들이 NFL 코치와 스카우트 앞에서 본인들이 가지고 있는 운동능력을 측정하게 된다. 40야드 달리기나 벤치프레스, 버티컬 점프 등이 포함되어 있다.

서 NFL 신인 선수 중 상위 2% 이내의 놀라운 운동능력을 드러
냈다. 일반 사람 중 2%가 아닌, NFL 선수 중 상위 2%라는 것에
주목해야 한다. 그는 키가 작은 편이었지만 내로라하는 선수들이
모인 NFL에서도 괴물에 가까운 운동능력으로 경기를 지배하기
시작했다. 빠른 스피드와 엄청난 힘을 함께 갖고 있던 도널드는
경기에 나설 때면 엄청난 속도로 달리면서 동시에 상대 선수들
을 날려버리는 모습을 보여주었다. 그는 눈부신 활약을 바탕으로
2022년에는 팀을 슈퍼볼 우승까지 이끌었으며, 현재 리그 최고
의 디펜시브 라인맨으로 꼽히고 있다.

선수들의 타고난 운동능력만큼이나 중요한 것은 꾸준하게 활
약할 수 있는 건강함이다. 뛰어난 신체 조건을 지닌 선수 중에서
도 어깨나 무릎, 발목의 심각한 부상으로 선수 생활을 길게 이어
가지 못하는 경우가 종종 발생하곤 한다. 성공적인 스포츠카드
투자를 위해서는 선수가 오랜 기간 좋은 활약을 하는 것이 필수
적이므로, 신체 조건이나 운동능력과 함께 건강 여부도 반드시
체크하는 것이 좋다.

프로의식과 자기 관리 능력

스포츠카드 시장은 냉정하다. 활동 기간 내내 좋은 활약을 펼친 명예의 전당 입성자들은 좋은 대우를 받지만, 짧은 기간에만 반짝 활약하거나 개인적인 문제로 선수 생활에 지장이 있었던 선수들의 스포츠카드는 시간이 지나면서 가치가 매우 떨어지는 경향이 있다.

1990년대 마이클 조던과 NBA 파이널에서 좋은 대결을 펼쳤던 시애틀 슈퍼소닉스의 숀 켐프는 놀라운 점프력을 바탕으로 날아올라 어느 위치에서도 멋진 덩크를 꽂아대는 파워 덩커였다. 탄력이 넘치는 그의 플레이에 시애틀의 팬들은 열광했으며 레인맨The Reign Man*이라는 멋진 별명도 지어주었다. 수비 리바운드를 잡은 켐프가 곧바로 속공으로 프리드로우 라인에서부터 날아올라 덩크에 성공하는 모습은 마치 만화의 한 장면 같았다. 그는 올스타에 6차례나 선정되며 '별다른 문제가 없다면' 명예의 전당 입성이 유력할 것으로 보였다. 하지만 알코올중독과 약물 문제를

---

* 덩크를 비(Rain) 오듯 성공시키며 코트를 지배하는(Reign) 선수라는 중의적 뜻으로 만들어진 숀 켐프의 별명. 켐프가 소속된 슈퍼소닉스가 위치한 시애틀이 비가 많이 오는 도시인 것도 이 별명이 지어진 이유가 되었다.

일으키며 자기 관리에 실패한 켐프는 팀을 여러 차례 옮기면서 커리어가 망가지기 시작했다. 포틀랜드 트레일블레이저스 시절에는 체중이 130kg 이상으로 불어나 정상적인 플레이가 어려울 정도였다. 결국 그는 시애틀을 함께 호령했던 게리 페이튼이 명예의 전당에 올라간 것과는 달리 아쉬운 모습으로 선수 생활을 마무리했다. 그의 호쾌한 덩크 사진이 담겨 있는 루키 카드인 1990 Fleer Shawn Kemp #178 PSA 10 카드는 현재 고작 40달러 정도면 구할 수 있다.

이처럼 선수들의 자기 관리나 직업 정신work ethic은 장기적인 성공을 위해 중요한 부분이다. 신인 시절에 뛰어난 재능을 뽐낸 선수라고 하더라도 이런 개인적인 문제가 많이 불거지거나 법적인 문제를 일으키는 선수라면 큰 비중의 투자는 피하는 것이 좋다.

3장

투자할 카드를 고르기 위한
웹사이트 100% 활용법

이미 투자하고 싶은 선수가 있거나, 마음에 드는 선수를 찾았다고 해 보자. 다음으로 확인할 것은 이 선수의 어떤 카드에 투자해야 하는지, 그리고 그 카드의 시세가 어느 정도인지를 체크하는 것이다. 부동산으로 치면 투자할 아파트 단지를 결정하고 과거 실거래가를 조회해 보는 절차이다.

이번 장에서는 독자분들이 이해하기 쉽도록, 내가 주목하고 있는 메이저리그의 유망주 중 한 명인 보스턴 레드삭스의 트리스턴 카사스Triston Casas 선수를 투자 대상으로 정했다고 가정하고 설명하고자 한다. 이 선수는 2020년 도쿄 올림픽을 통해 국내에 이름이 알려졌다. 우리나라와의 조별 예선 경기에서 고영

표 선수를 상대로 역전 투런 홈런을 날려 한국에 패배를 안겨 준 장본인이기 때문이다.

1단계, 시세를 파악하기 위한 price guide

앞서 루키 카드에 대해 설명할 때, MLB 카드의 경우 RC 마크가 들어간 카드와 바우만에서 출시된 1st Bowman 카드가 루키 카드로 인정을 받으며, 가장 인기 있는 카드라고 언급하였다. 트리스턴 카사스 선수는 2022년 처음으로 메이저리그에 승격되었기 때문에, 2023년 출시되기 시작한 브랜드에서 처음으로 RC 마크를 단 루키 카드들이 등장하고 있다. 아직 새로운 루키 카드의 시세가 완전히 자리잡지 않은 상황이고, 등급을 받은 카드도 별로 없다. 지금 단계에서 투자할만한 카드는 그보다 먼저 2018년에 출시되어 이미 안정적으로 거래되고 있는 1st Bowman 카드일 것이다.

일단 이 선수의 카드가 어떤 것들이 있는지, 몇 장이나 있는지 확인하기 위해서는 PSA의 웹사이트에서 검색해보는 것이 가장 편리하다.

PSA 웹사이트에 접속하여 상단 메뉴 중 price guide를 클릭하고 검색창에 선수 정보를 입력하면 된다. price guide에 선수를 검색하면 선수의 모든 카드가 나오지는 않지만, 일반적으로 가장 많이 거래되는 루키 카드부터 노출되기 때문에 상당히 유용하다. 만약 price guide 검색 결과에서 본인이 찾는 카드가 없다면, 상단의 pop report 메뉴에서 검색하면 된다. 그곳에서는 그 선수의 발행된 모든 카드를 확인할 수 있다.

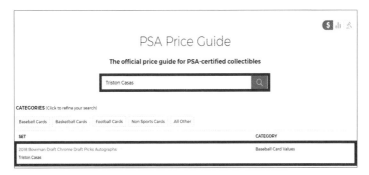

→ PSA price guide에서 Triston Casas를 검색한 결과, 대표적인 루키 카드가 먼저 나타나는 것을 알 수 있다.
출처 : PSA 웹사이트 캡처

검색 결과를 확인해보면, 2018년에 발행된 2018 Bowman Draft Chrome Draft Picks Autographs 카드가 나오는 것을

확인할 수 있다(앞의 그림). 이 카드는 바우만에서 발행된 1st Bowman 카드이므로 루키 카드로서의 가치가 있는 카드이다. 게다가 선수의 친필 사인까지 들어가 있는 오토 카드라서 일단 희소성이 있을 것으로 예상된다.

2018 Bowman Draft Chrome Draft Picks Autographs

DESCRIPTION		CARD NUMBER	NM-MT 8	MT 9	GEM-MT 10
Alec Bohm	Shop	CDAAB	40	75	125-
Alek Thomas	Shop	CDAAT	30	60	150
Casey Mize	Shop	CDACM	30-	60-	275
Jordan Groshans	Shop	CDAJG	15-	30-	90-
Jonathan India	Shop	CDAJI	50	110	315
Jarred Kelenic	Shop	CDAJK	250-	275-	525
Nolan Gorman	Shop	CDANG	40	95	250-
Nico Hoerner	Shop	CDANH	15	30	75
Nick Madrigal	Shop	CDANM	25	50	125-
Triston Casas	Shop	CDATC	65	125	380

→ PSA price guide에서 Triston Casas를 검색한 결과. 등급에 따른 가격을 확인할 수 있다.
출처 : PSA 웹사이트 캡처

Price guide의 검색 결과는 PSA 8~10의 가격 가이드라인도 제공해 주기 때문에 초보자라도 거래의 기준을 잡기가 쉽다(위 그림). 물론 실시간으로 업데이트되는 것은 아니기에 실제 거래가격과는 차이가 있을 수 있다. 하지만 일단은 원하는 카드의 가격을 기록해 놓도록 하자. 2018 Bowman Draft Triston Casas

Chrome Draft Picks Auto #CDATC의 경우 PSA 8은 65달러, PSA 9는 125달러, PSA 10은 380달러의 가격이 매겨져 있다.

2단계, 수량 체크를 위한 Pop report

검색을 마치고 가격까지 기록해 두었다면, PRICES 옆에 POP 메뉴를 클릭해서, pop report[*]를 확인해 보자.

2018 Bowman Draft Chrome Draft Picks Autographs

23,427 Cards	700 Autographed Cards		$ PRICES	ıl POP	APR	REGISTRY	SHOP
POPULATION TOTALS							

→ 등급별로 몇 장의 카드가 존재하는지를 확인하려면 Pop report를 클릭하면 된다.

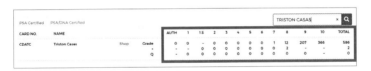

PSA Certified	PSA/DNA Certified							TRISTON CASAS			×	Q	
CARD NO.	NAME			AUTH	1	1.5	2	3	4	5	6	7	8	9	10	TOTAL

CARD NO.	NAME		Grade	AUTH	1	1.5	2	3	4	5	6	7	8	9	10	TOTAL
CDATC	Triston Casas	Shop		0	0	-	0	0	0	0	0	1	12	207	366	586
			•	-	-	0	0	0	0	0	0	0	2	-	-	2
			Q	-	0	0	0	0	0	0	0	0	0	0	-	0

→ Pop report에서 Triston Casas를 검색한 결과, 등급에 따른 카드 수량를 확인할 수 있다.
출처 : PSA 웹사이트 캡처

---

[*] Population report의 줄임말로, 이 카드가 등급별로 몇 장이나 존재하는지 확인할 수 있다.

트리스턴 카사스 선수의 이 카드는 PSA 10 카드가 전체 366장 정도 존재한다는 것을 확인할 수 있다. 이를 POP 366이라고 부르기도 한다. NBA 인기 스타들의 루키 카드가 보통 1만 장 넘게 존재하는 것과 비교하면 투자하기에 적당한 수량이라고 볼 수 있다. 물론, 이 수량은 아직 박스 안에만 들어있거나 그레이딩을 거치지 않은 카드들은 제외한 결과이므로 선수의 경력이 쌓이면서 좋은 활약을 하는 경우 저 숫자는 계속 늘어날 수 있다. 이제는 카드의 실제 시세, 소위 '실거래가'를 확인할 차례이다.

3단계, 실거래가 확인을 위해서는 이베이와 130 Point

스포츠카드가 실제로 시장에서 거래되는 가격을 확인하고 싶다면, 스포츠카드가 가장 활발하게 거래되는 플랫폼인 이베이를 활용하는 것이 좋다.

이베이 웹사이트에서 선수 카드 정보를 입력한 뒤 검색을 해 보자. 우선 원하는 카드의 발매 연도와 세트의 이름, 선수의 이름을 정확하게 입력해야 한다(다음 그림). 루키 카드일 경우 'Rookie' 또는 루키 카드의 줄임말인 'RC'를 덧붙이면 된다. 특정 그레이딩 회사의 그레이딩을 거친 제품을 찾는다면 'PSA 10'과 같은 식으로 회사의 이름과 등급을 추가해서 검색하면 된다.

→ 이베이 홈 화면 검색창.
  출처 : 이베이 웹사이트 캡처

정보를 올바르게 입력했다면 현재 판매 중인 매물이나 경매가 진행 중인 매물이 검색 결과로 나온다. 좌측 하단에 있는 필터 중 아래쪽에 있는 Sold item(판매된 상품)을 활성화하면 최근 판매된 상품들의 가격을 확인할 수 있다(다음 그림). 구매 결정을 내리거나 경매에 입찰하기 전, 최근에 이 카드가 얼마 정도에 거래되었는지 꼭 확인을 해야 한다.

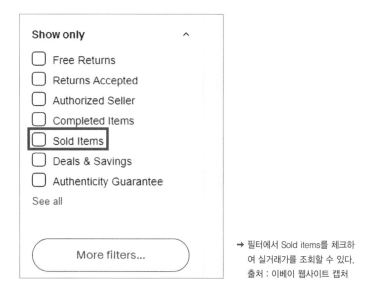

→ 필터에서 Sold items를 체크하
여 실거래가를 조회할 수 있다.
출처 : 이베이 웹사이트 캡처

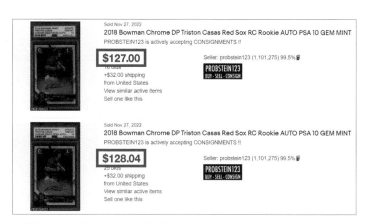

→ 최근 몇 건의 거래가 120~130불 정도에 거래된·기록이 있다.
출처 : 이베이 웹사이트 캡처

파란색으로 표시된 가격은 최근에 실제로 판매가 이루어진 가격을 말한다(앞의 그림). 부동산으로 따지면, 이미 판매된 매물에 초록색으로 적혀 있는 국토교통부 실거래가라고 생각하면 이해가 쉬울 것이다. 현재 판매 중인 카드 매물에 적혀 있는 검정색 가격은 부동산에서 매도호가와 같은 의미라고 할 수 있다.

이베이에서는 최근 3개월간 판매된 물건들의 가격을 확인할 수 있는데, 카사스 선수의 루키 오토 카드는 대략 100달러에서 150달러 사이에 거래가 이루어진 것으로 보인다. 이처럼 최근 3개월간의 가격 변동이나 흐름을 분석한 후 카드를 구매하기 적당한 시기인지, 구매한다면 어느 정도 금액까지 투자하는 게 적당한지 예상 구매 가격을 판단해야 한다.

130 Point라는 웹사이트를 이용해 조금 더 간단하게 실거래가를 확인하는 방법도 있다. 130 Point로 접속하면, 이베이에서 판매가 이루어졌던 내용이 조금 더 보기 편하게 정리되어 제공된다. 사이트의 디자인이 아주 세련되지는 않으나, 결과를 한 눈에 확인하기에는 좋은 사이트이다.

→ 130 point 웹사이트 홈 화면
출처 : 130 Point 웹사이트 캡처

130 Point에서 이베이 거래 가격을 조회하기 위해서는 왼쪽 상단에 위치한 SEARCH EBAY SALES 메뉴를 클릭해서 카드 정보를 입력하면 된다(위 그림). 이베이에서 검색할 때와 같이 카드 정보를 년도, 세트 이름, 선수 이름 순서로 입력하면 실제 거래된 카드들의 가격을 확인할 수 있다.

편리한 투자를 도와주는 유료 어플리케이션

Market Movers와 같은 어플리케이션을 이용한다면 PSA나

→ Market Movers 앱, Pop report와 최근 거래가격, 현재 매물로 나와있는 물건까지 한 눈에 볼 수 있어서 유용하다.
출처 : Market Movers app 캡처

이베이를 열심히 뒤지지 않더라도 내가 구매하려고 하는 카드가 루키 카드인지, 등급별로 몇 장이나 존재하고 있는지 등의 정보를 바로 알 수 있다. 또한 실제로 거래된 가격을 알려줄 뿐 아니라 주식 차트와 같이 시세의 변동을 그래프로 보여주기 때문에 카드의 적정 가치를 파악하는 데 큰 도움이 된다.

하지만 모든 선수의 카드를 전부 확인할 수 있는 것은 아니며, 멤버십 가입을 해야 이용할 수 있다는 단점이 있다. 멤버십은 월 이용료가 발생하기 때문에 초보자의 경우에는 일단 PSA와 이베이, 130 point 같은 웹사이트에서 검색하는 것을 권장한다. 유료 어플리케이션은 보다 본격적으로 투자를 하게 된 뒤에 고려해도 좋다.

4장

스포츠카드를 구매하는
여러 가지 방법

지금쯤이면 독자 여러분들은 완벽하지는 않더라도 원하는 카드 검색도 할 수 있고, 시세도 파악할 수 있게 되었을 것이다. 이제는 카드를 실제로 구매할 차례이다! 스포츠카드를 구매하는 방법에는 여러 가지가 존재한다. 각각에 대한 간단한 설명과 함께 장단점을 안내하겠다.

스포츠카드 구매 대표 플랫폼, 이베이

미국 최대의 경매 사이트인 이베이는 예나 지금이나 가장 많은 스포츠카드가 유통되고 있는 플랫폼이다. 이베이를 경매 사이트로만 알고 있는 사람들도 많겠지만, 아니다. 실제로 스포츠카드를 판매하는 셀러들은 카드를 경매에 붙이는 경우 외에도 네이버 스마트스토어처럼 본인의 스토어를 열어서 정해진 가격에 스포츠카드를 바로 판매하는 경우도 있다. 가격을 정해놓았다고 하더라도, 베스트 오퍼Best Offer라는 서비스를 이용해서 가격 협상을 허용하기도 한다. 너그러운 셀러를 만났을 경우 원하는 카드를 비교적 저렴한 가격에 구할 수 있다는 뜻이다. 컬렉터들이 원하는 카드를 구하기 위해 이베이를 가장 많이 이용하는만큼, 이베이에서 카드를 검색하고 실제로 구매하는 방법을 보다자세히 알아보자.

1984년 발행된 마이클 조던의 플리어 루키 카드(PSA 10)는 앞서 이야기했던 것처럼 수억 원을 호가하고 있다. 이 카드가 발행되고 12년이 지난 1996년, 플리어 사에서는 이 카드를 추억하는 팬들을 위해 동일한 디자인의 복제Replica 카드를 발행했다. 이 카드는 복제 카드인 만큼 가격은 원본과 비교할 수 없지만 제법 인기가 있다. 이 카드를 구매해보는 것은 어떨까? 카드를 검색하는방법은 실거래가를 조회할 때와 동일하다. 이베이 검색창에 발행년도, 세트 이름, 선수 이름, 등급 정보를 입력하면 된다.

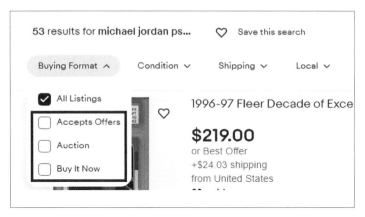

→ 검색 결과는 카드 구매 방식에 따라 세 가지로 나뉜다.
출처 : 이베이 웹사이트 캡처

이베이에서 판매하는 상품은 구매 방식Buying format에 따라 크게 세 부류로 나뉘는데, Auction, Buy It Now, Accepts Offers다.

1) Auction

Auction은 전통적인 경매 방식으로, 기간을 정해놓고(보통 1주일) 자유로운 입찰을 통해 가장 높은 가격을 써낸 입찰자에게 카드가 넘어가게 된다. 보통 낙찰 직전에 입찰이 몰리게 되며, 눈치 싸움에 성공할 경우 일반적인 판매 상품보다 더 저렴한 가격에 낙찰받을 수 있다는 것이 장점이다.

➔ 약 5시간을 남기고 30명이 입찰을 한 것을 확인할 수 있다. 최종 낙찰 가격은 지금보다 많이
올라갈 것이다.

출처 : 이베이 웹사이트 캡처

2) Buy It Now

Buy It Now는 일반적인 인터넷 구매와 마찬가지로, 정해져 있
는 가격을 지불하고 카드를 즉시 구매하는 방법이다. 경매와 달리
카드를 구매하기 위해 다른 사람과 경쟁이 필요 없고, 경매 종료
시까지 기다릴 필요가 없다는 장점이 있다. 그러나 Buy It Now
판매자들은 보통 시세보다 비싼 가격으로 판매 가격을 책정하므
로 가격을 잘 확인하고 구매하여야 한다. 또한 판매 가격이 저렴
하다고 해도 배송비가 비싼 경우도 있으니 유의해야 한다.

Buy It Now 상품의 경우 구매자가 흥정을 시도하거나 가격을 선 제시하는 것이 불가능하다. 사진 속 두 카드 중 200달러인 카드는 가격만 놓고 보면 적절해 보인다. 하지만 34.07달러의 국제 배송료를 감안한다면 조금 비싸게 구매하는 셈이다(아래 그림).

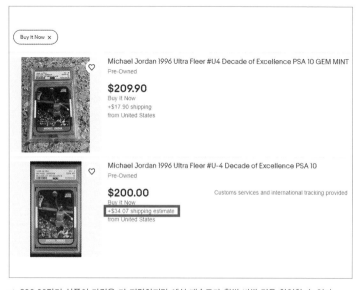

→ 200.00달러 상품이 가격은 더 저렴하지만 예상 배송료가 훨씬 비싼 것을 확인할 수 있다.
　출처 : 이베이 웹사이트 캡처

3) Accepts Offers

Accepts Offers는 기본적으로 Buy It Now와 같은 방식이지

만, 구매자가 가격을 제시할 수 있어서 판매자와 구매자간의 흥정이 가능하다. 물론, 얼토당토않은 가격을 제시했다간 거절당하기 마련이지만 10~20% 정도 할인된 가격으로 구매 의사를 밝힌다면 의외로 쿨하게 승낙하는 셀러도 많다.

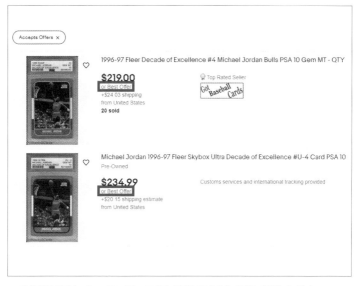

→ 가격 바로 아래 'or Best Offer'라고 표시된 상품은 구매자가 가격을 제안할 수 있다.
　출처 : 이베이 웹사이트 캡처

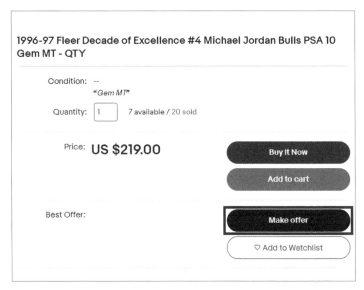

1996-97 Fleer Decade of Excellence #4 Michael Jordan Bulls PSA 10 Gem MT - QTY

Condition: --
              "Gem MT"

Quantity: | 1 | 7 available / 20 sold

Price: **US $219.00**

[**Buy It Now**]

[**Add to cart**]

Best Offer:

[**Make offer**]

[♡ Add to Watchlist]

→ 출처 : 이베이 웹사이트 캡처

    판매되는 물건 중 믿을만한 셀러가 올려놓은 219달러짜리 물건을 확인했다. 사실 219달러는 다소 비싼 감이 있으므로, 슬며시 흥정에 들어가 본다. Make offer 버튼을 눌러, 구매를 희망하는 가격을 제안하면 된다(앞의 그림). 이것이 Best offer 구매 방식의 매력이다.

→ 219달러에 올라온 물건을 15% 할인된
186.15달러에 제안해 보았다.
출처 : 이베이 웹사이트 캡처

→ 셀러는 제안을 받은 뒤 승낙 여부를 결정
하게 된다.
출처 : 이베이 웹사이트 캡처

사실 이 카드는 일반 경매를 거칠 경우 200달러 정도에 거래
되는 인기 카드이기 때문에, 186.15달러의 경우 조금 욕심을 부
린 셈이다. 그러나 경매로 판매하는 것은 판매자 또한 1주일가
량 시간이 소요된다. 즉시 판매를 원하는 판매자일 경우 너무 무
리한 협상이 아니라면 성공 확률이 있다. 보통 하루 정도면 승낙
여부를 결정해서 알려주지만, 말도 안 되는 가격을 제안하면 답
변이 오지 않기도 한다.

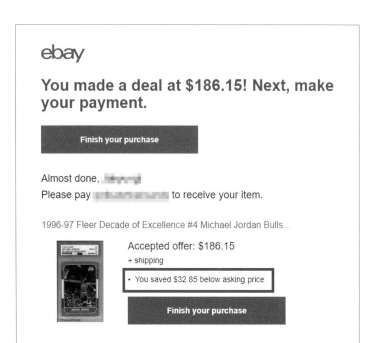

→ 판매 가격에서 $32.85달러를 깎았다고 친절하게 안내가 되어 있다.
출처 : 이베이 웹사이트 캡처

큰 기대를 하지 않았는데, 판매자가 나의 오퍼를 쿨하게 수락했다. 충분히 만족스러운 가격에 딜이 이루어졌다면, 결제 후 거래를 마무리하면 된다. 배송비는 결제 단계에서 확인할 수 있다.

여기서 잠깐! 이베이를 비롯한 해외에서 카드를 구매할 때에는 부가세를 반드시 고려해야 한다. 해외 직구의 경우 품목에 따라 관세와 부가세가 붙을 수 있다. 스포츠카드의 경우 관세는 부과되지 않으며 카드의 가격과 배송비를 합쳐서 200달러가 초과될 때만 10%의 부가세가 붙는다. 그렇다면 카드 자체가 200달러를 넘은 경우에는 당연히 부가세를 부담해야 할 것이다. 하지만 200달러 미만의 카드를 구매하는데, 국제 배송비로 인해 아쉽게 200달러를 넘기는 경우라면 배송비를 줄일 수 있는 방법을 찾아봐야 한다.

방금 구매한 마이클 조던의 카드를 살펴보자. 카드 가격 186.15달러와 국제 배송료 23.54달러를 합치면 209.69달러가 된다(다음 그림). 즉, 전체 구매 가격이 200달러를 초과하므로 10%의 부가세를 납부해야 한다.

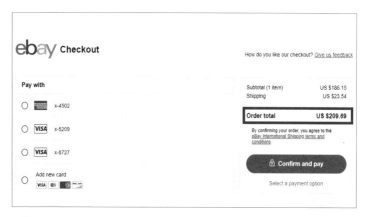

→ 한국으로 배송하는 경우 209.69달러의 금액을 지불해야 한다.
출처 : 이베이 웹사이트 캡처

배송비를 줄이고 싶다면 직구를 할 때 많이 이용하는 해외 배송 대행을 이용하는 것도 좋은 방법이다. 일명 '배대지'로 불리는 해외 배송 대행 업체를 거치게 되면 판매자는 한국이 아닌 미국 내 배송 대행 주소로 카드를 발송하고, 구매자로서는 국제 배송비를 절약할 수 있다.

다음 그림을 보면 배송 주소를 해외 배송 대행지에서 제공하는 미국 내 주소로 변경하면, 23.54달러였던 한국까지의 해외 배송비가 5.99달러의 미국 국내 배송비로 변경된 것을 확인할 수 있다. 카드의 가격과 배송비를 합쳐도 192.14달러이므로 이 경우에는 부가세 면세를 받을 수 있다.

Ship to

United States

Change

Review item and shipping

Seller: gotbaseball... Message to seller

1996-97 Fleer Decade of Excellence #4 Michael Jordan Bulls PSA 10 Gem MT - QTY

US $186.15

Quantity 1

Delivery

◉ Est. delivery: Mar 6 – Mar 8
USPS First Class
US $5.99

◯ Est. delivery: Mar 6 – Mar 8
USPS Priority Mail
US $13.99

Subtotal (1 item)	US $186.15
Shipping	US $5.99
Order total	**US $192.14**

🔒 **Confirm and pay**

Select a payment option

ebay MONEY BACK GUARANTEE
See details

→ 미국으로 배송하는 경우 192.14달러의 금액을 지불하면 된다.
출처 : 이베이 웹사이트 캡처

물론 배대지를 이용하게 되면, 카드가 일단 미국 내 주소로 도착한 이후에 다시 한국으로 재배송되는 구조이므로 시간이 더 걸린다는 단점이 있다. 배송비도 두 번(미국→미국→한국) 지급해야 하므로 어떤 것이 더 이익인지를 잘 계산해보고 진행해야 한다.

마지막 단계로는 해외 결제 가능한 신용카드로 간단히 결제를 진행하면 된다. 결제를 마치고 1~2일이 지나면 트래킹 넘버Traking number를 확인할 수 있다.

이처럼 이베이를 이용할 때의 가장 큰 장점은 거의 언제든지 원하는 카드를 구할 수 있다는 점이다. 정말 희귀한 카드가 아니고서는 이베이에 항상 매물이 있다. 비용에 구애받지 않는다면 가장 확실하게 카드를 구할 수 있는 방법인 셈이다.

물론 이베이를 통해 카드를 구매할 때의 단점도 존재한다. 국내에서 카드를 구매할 때와 비교한다면 꽤 부담스러운 해외 배송료를 부담해야 한다는 점이다. 셀러에 따라서 차이는 있겠으나, 보통은 한국까지의 국제 배송비를 15~25달러 정도 부담하게 되며 고가의 카드는 보험료 등을 추가로 지불해야 하는 경우도 있다.

많은 회원을 보유한 국내 스포츠카드 커뮤니티

국내 스포츠카드 커뮤니티는 네이버 카페를 중심으로 형성되어 있다. 대표적인 네이버 카페 '월드스포츠카드'는 1만 3천 명이 넘는 회원 수를 보유하고 있다. 이곳에서는 기존의 컬렉터들과 신규 컬렉터들이 모여서 정보를 교환하고 있으며, 초보자들에게 유용한 정보도 많다. 스포츠카드 관련 사이트 링크도 잘 되어 있으며 회원들 간의 직거래를 위한 구매장터와 판매장터도 활발하게 운영되고 있다.

월드스포츠카드 카페와 같은 국내 스포츠카드 커뮤니티를 통해 카드를 구매할 때의 장점은 우선 원화로 거래가 가능하다는 점이다. 별다른 환전이나 해외 거래 가능 수단이 없어도 중고나라와 당근마켓에서처럼 거래할 수 있다. 그리고 카드 판매자도 직거래로 판매하면 해외 거래와 달리 별다른 판매 수수료가 없어서 조금이라도 더 저렴하게 내놓게 된다. 또한 고가의 카드는 직접 실물을 보고 거래할 수 있어서 안전하다. 만약 거래나 배송에 문제가 생겼을 경우 의사소통이 수월하다는 점도 장점이다. 그리고 해외 배송에 비해 배송비가 아주 저렴하고, 1~2주는 기본으로 기다려야 하는 해외 배송과 달리 보통 1~2일이면 물건을 받아볼 수 있다.

국내 커뮤니티에서 스포츠카드를 거래할 때의 단점은 거래 가능한 물건이 다양하지 않다는 점이다. 마침 원하는 카드가 운 좋게 매물로 올라와서 저렴하게 거래하는 때도 있지만, 보통은 원하는 카드를 산다기보다는 장터에 나와 있는 물건 중에서 마음에 드는 것을 고르는 느낌의 거래가 많이 이루어진다. 이런 경우, 원하는 카드를 사지 못하거나 필요하지 않은데도 다른 카드를 충동 구매하는 일이 일어날 수 있다.

실물을 보고 결정할 수 있는 국내 오프라인 카드샵

1990년대에 상당히 많이 존재했던 오프라인 카드샵은 IMF 외환위기 이후 대부분 문을 닫았다. 2000년대에는 실제로 방문해서 카드 박스나 팩, 각종 서플라이*와 싱글 카드를 구매할 수 있는 오프라인 카드샵이 정말 손에 꼽을 정도였다. 경기가 가장

---

* 카드 앨범이나 슬리브, 탑로더 같은 수집 용품을 말한다.

어려웠을 때는 거의 한 손으로도 꼽을 수 있었던 것 같다. 하지만 다행히도 최근 몇 년간 전국적으로 많은 수의 오프라인 카드샵이 문을 열었으며 비단 오프라인뿐 아니라 온라인으로도 활발하게 운영되고 있다. 또한, 탑스와 어퍼덱, 베켓 미디어의 국내 총판을 담당하고 있는 ㈜하비코리아에서도 두 곳의 오프라인 매장을 직접 운영하고 있다. 이는 컬렉터들에게는 좋은 소식이 아닐 수 없다.

오프라인 카드샵의 가장 큰 장점은 싱글 카드의 상태를 직접 눈으로 보면서 구매할 수 있다는 것이다. 보통 컬렉터들은 본인이 판매하고 싶은 카드를 카드샵에 위탁 판매를 한다. 그러면 구매자들은 비싼 등급 카드들을 직접 보고 구매할 수 있으며 Raw 카드도 상당히 저렴한 가격에 구할 수 있다. 보통 Raw 카드는 판매용 앨범에 잘 정리되어 있다. 그래서 나는 오프라인 카드샵을 방문할 때면 혹시라도 원하는 선수들의 카드가 저렴하게 나와 있지는 않은지 앨범부터 체크하는 편이다. 특히, 스포츠카드에 갓 입문하는 초보자들에게는 어려워하지 말고 가까운 카드샵에 방문해볼 것을 추천한다. 오프라인 카드샵에서 정보를 얻고 개념을 깨우치는 경우가 많기 때문이다. 대부분의 카드샵에서는 스포츠카드 입문자들을 매우 환영해서 어느 곳에 방문하더라도 친절하게 안내받을 수 있을 것이다.

지역별 오프라인 카드샵 정보

지역	카드샵 이름	주소	연락처
서울	BS 스포츠카드	서울 송파구 충민로 52 가든파이브웍스 C505	010-5847-8793
	마피스포츠카드	서울 송파구 충민로 52 가든파이브웍스 A203	010-6848-5659
	브로스 스포츠카드 (강남점)	서울 서초구 서초대로77길 62 강남역아이파크 L108호	02-3482-3434
	브로스 스포츠카드 (신사점)	서울 서초구 강남대로97길 17 신일빌딩 3층	010-4260-4445
	스타월드	서울 강남구 남부순환로 2921 남서울종합상가 1층	010-5266-7949
	신사 포카드	서울 강남구 논현로175길 93, 1층	010-4821-0080
	위펀	서울 강남구 논현로175길 75, 지하1층	070-7770-7705
	젬민트 스포츠카드	서울 종로구 창경궁로29길 25 명륜빌딩 202호	010-3922-0890
	하비코리아(본점)	서울 서초구 사평대로52길 2 덕일빌딩 1층	02-6368-1120
경기	노마스포츠카드	경기도 부천시 소향로13번길 28-14, 608호	010-2215-4274
	레가시 스포츠카드	경기도 성남시 분당구 장미로 78 시그마3 214호	010-2895-4102
	월드스포츠카드(평택점)	경기도 평택시 포승읍 포승항남로 197	010-8217-0997
	하비코리아(분당서현점)	경기도 성남시 분당구 황새울로360번길 26 삼보플라자 202호	031-778-7120

충청	위너 스포츠카드	대전시 유성구 문화원로 123, 204호	010-8357-7723
경남	세모카	부산시 강서구 신호산단2로 49번길 61 서인빌 102호	010-8401-0010
	와이스포츠카드	부산시 금정구 장전온천천로 51 테라스파크빌딩 301호	010-9693-0600
전남	월드스포츠카드(화순점)	전남 화순군 화순읍 칠충로 141-7	010-4467-1538

국내 온라인 카드샵 / 네이버 스마트스토어

예전에는 스포츠카드를 구매하기 위해서는 반드시 오프라인 매장에 방문해야 했지만 인터넷 거래가 활발한 지금은 집에서 클릭 몇 번만으로 원하는 상품을 구매할 수 있다. 앞에서 설명한 오프라인 카드샵 중에서도 네이버 카페 등을 통해 온라인 판매를 동시 진행하는 곳이 많으며, 오프라인 매장 없이 자체 홈페이지나 네이버 스마트스토어에서만 스포츠카드를 판매하기도 한다. 최근에는 인터넷으로 스포츠카드 박스나 팩, 서플라이뿐 아니라 싱글카드까지 구매할 수 있어 예전보다 컬렉터들의 접근성이 매우 좋아진 상황이다. 대표적인 온라인 카드샵 중 하나인 '핫컬렉 스포츠카드'는 같은 이름의 유튜브 채널도 운영하고 있으

대표 온라인 카드샵 / 네이버 스마트스토어 정보

카드샵	핫컬렉 스포츠카드	메이저베이스볼카드	콜렉팅라운지	MVP 스포츠카드
연락처	010-5555-8205			010-9299-4956
사이트				

며, 현재 국내스포츠카드 유튜브 채널 중 가장 많은 구독자를 보유하고 있다.

의외의 보물을 발견할 수 있는 COMC와 스탁엑스

COMC는 스포츠카드와 트레이딩 카드, 포켓몬 카드 등을 거래하는 위탁 거래 플랫폼으로, 사이트의 이름은 Check Out My Card의 줄임말이다. COMC에서는 등급 카드도 거래할 수 있지만, 등급을 받지 않은 Raw 카드를 구매하고 싶을 때 더 자주 찾게 되는 사이트이다. 거래 가치가 높지 않은 카드는 등급을 받기 애매하고, 판매하려고 보면 찾는 사람도 많지 않다. 그래서 많은 셀러는 본인의 카드들을 COMC에 위탁 판매함으로써 이 문제를 해결한다.

물론 COMC에서 Raw 카드를 구매하는 경우 카드 상태를 완벽하게 파악하고 구매할 수는 없다는 단점이 있다. 하지만 같은 카드가 많게는 수십, 수백 장씩 등록되어 있으므로 눈에 불을 켜고 잘 찾으면 괜찮은 카드를 아주 저렴한 가격으로 구매할 수 있다. 특히, 국내에서 구하기 힘든 희귀한 카드를 찾고 있거나 수집하고 있는 세트를 완성하려고 하는 경우라면 유용할 것이다.

스니커즈 리셀 등으로 유명한 글로벌 1위 리셀 플랫폼 스탁엑스는 한국 시장을 공략하기 위해 한국어 가능한 직원들을 채용하고 국내 서비스를 시작하였다. 그래서 현재는 국내에서도 거래하기 편해진 플랫폼이다. 즉시 구매의 경우 카카오페이로 결제가 가능한 정도이며, 문제가 생겼을 때 한국어로 의사소통이 가능하다. 스니커즈 등을 주로 거래하는 플랫폼으로 알려져 있으나 의외로 스포츠카드 매물도 많이 존재한다. 이베이에 올라와 있는 매물보다 저렴한 가격에 판매되는 경우도 있으므로 꼭 한번 검색해 보는 것이 좋다.

5장

스포츠카드는 보관이 생명, 카드를 안전하게 보관하려면?

2007년 MBC에서 방영되었던 〈경제야 놀자〉 프로그램에 조세호 씨가 출연했던 적이 있었다. 본인이 소장하고 있는 물건의 가치를 측정하는 프로그램이었던 것으로 기억하는데, 마침 주제가 스포츠카드여서 나도 꽤 관심 있게 방송을 보았다. 이 방송에서 조세호 씨는 본인이 예전부터 갖고 있던 마이클 조던의 스포츠카드를 꺼내서 감정을 받았다. 큰 기대와 함께 감정이 시작되었으나 아쉽게도 조세호 씨의 카드는 마이클 조던의 카드 중에서도 흔한 카드였다. 게다가 카드의 보관 상태도 좋지 않아서 500원이라는 충격적인 감정가를 받게 되었다.

투자나 수집을 위해 스포츠카드를 구매할 때는 최초 상태 그대로 보관하는 것이 매우 중요하다. 특히 카드의 모서리 부분은 매우 취약하여 카드를 만지거나 살짝 떨어트리기만 해도 날카로움이 무뎌지거나 구겨져 가치가 크게 떨어지므로 아주 조심히 취급해야 한다. 여기에서는 스포츠카드를 안전하게 보관하는 일반적인 방법들에 대해 알아보려고 한다.

1) 슬리브

슬리브는 스포츠카드를 보관하기 위한 가장 기본적인 도구이다. 투명한 보호 비닐인 슬리브는 가격이 저렴하여서 페니 슬리브penny sleeve라고도 불리며 카드 사이즈에 딱 맞게 제작된다. 슬리브는 일반적인 카드를 보관할 수 있는 얇은 슬리브, 그리고 저지 카드나 패치 카드와 같은 두꺼운 카드를 보관할 수 있는 두꺼운 슬리브로 나뉜다. 두꺼운 카드를 얇은 슬리브에 넣으려고 시도하면 모서리가 망가질 수 있으므로 카드를 넣기 전에 두께를 반드시 확인해야 한다. 맞는 사이즈의 카드라고 해도 슬리브에 제대로 넣지 못하고 모서리가 걸리면 모서리가 손상될 수 있으니 고가의 카드를 슬리브에 넣거나 교체할 때에는 반드시 연습을 거친 뒤 조심스럽게 넣어야 한다. 정 어려운 경우에는 슬리브의 한쪽 귀퉁이를 가위로 잘라서 보다 안전하게 넣는 방법이 있다. 예전에는 슬리브 끝에 접착제가 붙어 있어서 카드를 넣은 뒤에 붙이는 일명 '찍찍이' 슬리브도 많이 이용되었다. 하지만 카드 표면이 손상될 가능성이 있어 지금은 거의 사용되고 있지 않다.

→ 카드와 슬리브

→ 슬리브에 넣은 카드

2) 카드 앨범

카드 앨범은 파일 형태에 카드를 넣어서 보관하는 방식이다. 한 페이지에 4장이 들어가는 작은 앨범과 9장이 들어가는 큰 앨범이 있다. 1차적으로 슬리브에 넣은 뒤 앨범에 보관한다. 앨범에 따라 거꾸로 뒤집거나 옆으로 흔들면 카드가 빠지거나 손상되는 일도 있으므로 주의해서 앨범을 관리해야 한다. 또한 위아래가 오픈된 앨범의 경우 습기에도 취약해 카드 변형의 가능성이 있다. 그래서 가급적 고가의 카드들을 카드 앨범에 보관하는 것은 피해야 한다. 일반적으로 세트를 맞추거나, 거래나 트레이드를 위해 중저가의 카드를 보관해야 할 때 카드 앨범을 이용하면 좋다.

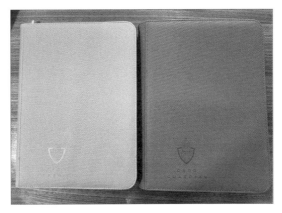

➔ 카드 앨범 (외부)

→ 카드 앨범 (내부)

비교적 안전성이 높은 카드 앨범은 위아래로 카드를 넣었다 빼는 것이 아닌 옆으로 넣는 방식의 사이드 포켓 앨범이다. 그리고 오픈된 형태가 아닌 지퍼로 잠글 수 있는 형태의 앨범을 고르는 것이 좋다. 지퍼로 보관하는 앨범을 이용할 때는 안에 실리카 젤을 넣어 습기로 인한 카드 변형을 최대한 막아주면 더 안전하다.

→ 앨범에 지퍼가 달린 모습.

3] 탑로더/팀백

탑로더는 카드를 보관하는 플라스틱 케이스를 말하며, 플라스틱이지만 약간의 유연성이 있어 힘을 주면 휘어지는 특성이 있다. 투자 가치가 있는 스포츠카드라면 슬리브에 넣은 뒤 탑로더에 넣어 보관하는 것이 가장 보편적인 방법이다. 슬리브에만 넣는 것과 비교하면 카드의 모서리와 테두리를 이중으로 보호해주기 때문에 훨씬 안전한 방법이라고 할 수 있다. 다만, 슬리브와 탑로더는 전부 위가 뚫려 있어서 그렇게만 보관할 경우 위쪽으로 먼지나 이물질이 들어올 가능성이 있다. 혹시 물이라도 닿게 되면 큰 낭패다. 그래서 보통 일명 팀백이라고 부르는 큰 슬리브를 이용해 탑로더를 한 번 더 감싸는 경우가 많고, 이렇게 마무리하면 카드를 잘 보관할 수 있다. 탑로더도 두께가 다양하므로 보관하려고 하는 카드의 두께를 고려해서 맞는 사이즈를 잘 골라야 한다.

→ 슬리브를 낀 카드와 탑로더.

→ 탑로더에 넣은 카드

→ 팀백으로 감싼 탑로더

4) 카드 세이버

카드 세이버는 탑로더와 비교하면 훨씬 얇고, 더 유연하게 휘어지는 카드 보관용 서플라이이다. 예전에는 많이 사용되지 않았으나, 카드 그레이딩 회사에서 카드를 보낼 때 카드 세이버 이용을 권장하기 시작하면서 최근에는 그레이딩을 보낼 때 보편적으로 이용되고 있다.

카드 세이버는 실제로 탑로더보다 카드를 제 위치에 넣기가 상당히 까다롭다. 하지만 카드를 안에 고정시킨 뒤에는 카드가 거의 움직이지 않는다. 만약 카드가 공중에서 바닥으로 떨어지거나 누군가 카드를 던진다면, 탑로더 안에 들어있는 카드는 고정되어 있지 않으므로 안에서 이리저리 움직이거나 심지어 밖으로 빠져나갈 위험이 있다. 하지만 카드 세이버 안에 들어있는 카드는 고정되어 거의 움직임이 없으므로 동일한 경우에 조금 더 안전하다.

하지만 단점도 분명한 것이 카드 세이버는 탑로더처럼 두껍지 않고, 매우 얇아서 자체적으로 휘어지거나 혹시라도 반으로 접히면 카드도 함께 손상될 위험이 있다. 탑로더에 들어있는 카드는 누가 엉덩이로 깔고 앉는다고 해도 손상될 가능성이 작지만, 만약 카드 세이버를 깔고 앉는다면 카드 세이버가 구부러지면서 카드도 같이 접힐 수 있는 것이다. 그래서 카드 세이버는 카드를 들고 이동하거나 전시하기 위한 목적으로는 많이 사용되지 않으며, 그레이딩을 보내기 위해 해외로 배송해야 하는 카드를 보관하는 경우에 주로 쓰인다.

5) 자석 케이스/ 나사 케이스

자석 케이스와 나사 케이스는 카드에 맞게 제작된 플라스틱 케이스를 말한다. 케이스를 잠그는 형태가 자석이냐, 나사냐만이 다르다. 보통은 카드를 넣었다 빼기 간편한 자석 케이스(일명 자케)

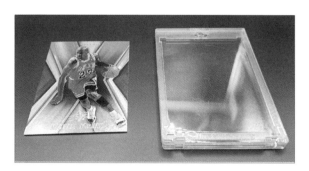

→ 카드와 자석 케이스

→ 자석 케이스에 넣은 카드

를 더 선호하는 편이다. 카드 사이즈에 딱 맞고, 카드를 넣게 되면 자연스럽게 모서리를 보호하는 형태로 되어 있다. 다만 슬리브에 넣은 상태의 카드는 자석 케이스에 들어가지 않기 때문에 슬리브를 빼서 보관해야 한다. 자석 케이스와 나사 케이스에 넣은 후에 추가적인 찍찍이 슬리브를 이용해 케이스에 흠집이나 기스가 생기지 않도록 보관하는 것이 일반적이며, 카드를 전시할 때 많이 사용한다.

6) 그레이딩

앞에서 소개한 여러 그레이딩 회사들을 통해 그레이딩을 하게 되면 카드를 가장 안전하게 보관할 수 있다. 그레이딩 회사에서는 그레이딩이 끝나면 카드에 맞는 사이즈의 플라스틱 케이스에 라벨을 붙이고 카드를 안전하게 넣은 뒤, 케이스를 밀봉해 준다. 일부러 케이스를 부수지 않는 한 열 수 없도록 만들어서 돌려보내 주는 것이다. 슬리브로 등급 카드 케이스에 흠집이 생기는 것까지 막아두면 웬만한 충격이 아니고서는 카드에 손상이 가는 일은 없다.

다만 등급 케이스라고 해도 물에는 취약할 수 있다. PSA의 경우 케이스가 완전한 방수Waterproof가 아닌 내수water resistant라고 밝히고 있다. 이는 물기가 튀는 것 정도는 충분히 막아줄 수 있지만, 아예 물에 빠지거나 홍수가 나서 물에 잠겼을 때는 카드의 안전을 보장할 수 없다는 뜻이므로 주의하도록 하자.

➔ PSA 등급 케이스

PART

5

수익 실현은 이렇게,
투자할 때
이것 만큼은!

1장

카드를 팔고 싶을 땐
어떻게 하지?

앞서 언급했듯이 듀란트 선수의 루키 카드는 그레이딩을 마치고 PSA 9라는 라벨과 함께 내 손으로 다시 돌아오게 되었다. 10점을 획득하지 못한 아쉬움은 뒤로 하고 이제 잘 판매하는 일이 남아 있었다. 주식에서도 매수는 기술이고 매도는 예술이라고 하지 않던가? 스포츠카드도 판매하는 시점과 방법이 중요하기 때문에 언제, 어떻게 판매해야 큰 이익을 거둘 수 있을지에 대한 고민이 시작되었다.

판매 시기는 고민할 것이 없었다. 당시에는 스포츠카드의 시세가 연일 신고가를 갱신하며 오르고 있었으며, 듀란트 선수의 평가도 절정에 달한 상황이었다. 굳이 시간을 지체할 필요가 없었다.

판매 시기가 결정되었다면 판매하는 방법을 결정할 차례다. 스포츠카드를 판매하는 방법은 여러 가지가 있으며, 판매하려는 카드에 따라 선택하면 된다.

1) 국내 스포츠카드 커뮤니티

네이버 카페 '월드스포츠카드'와 같은 국내 스포츠카드 커뮤니티에서 카드를 판매하는 것은 카드를 구매할 때와 마찬가지로 여러 가지 장점이 있다. 먼저, 해외 사이트나 경매를 통해 카드를 판매할 때 부담하게 되는 판매 수수료나 위탁 수수료가 없으므로, 같은 가격에 판매했을 경우 더 큰 수익을 올릴 수 있다. 거래할 때 구매자와 의사소통도 편하게 할 수 있으며 모든 절차가 며칠 안으로 신속하게 끝난다. 그리고 만나서 카드 상태를 보여주고 거래할 수도 있으므로 혹시나 모를 분쟁의 가능성을 낮출 수 있다.

나 역시 금액이 그렇게 비싸지 않은 카드는 네이버 카페의 판매 장터를 이용하고는 한다. 하지만 듀란트 카드의 경우 국내 커뮤니티를 통해 판매하려는 시도를 아예 하지 않았는데 그 이유는 두 가지 정도가 있었다. 첫 번째 이유는 해당 카드의 경우 희소가치가 높은 편이라 시세를 정확하게 측정하기 어려워서 더 넓은 시장의 판단을 받아보는 것이 중요했기 때문이다. 두 번째 이유는 추후 분쟁이 생겼을 경우 중간에서 중재해 줄 사람이 없으면 스트레스를 받을 것 같았기 때문이다. 천만 원 단위의 금액을 주고받으며 거래를 했을 때 교환이나 환불 관련 분쟁이 생길 가능성이 컸다.

국내 커뮤니티에서 스포츠카드를 판매하는 것은 인기 있는 선수의 카드이거나 시세가 어느 정도 정해져 있는 카드의 경우에 추천한다. 많은 컬렉터가 선호하는 선수의 경우 경쟁이 붙어 좋은 가격에 판매할 수도 있으며, 이미 이베이 거래가격 등을 통해 시세를 알 수 있는 카드라면 판매자와 구매자 모두 대략적인 비용을 확인할 수 있으므로 서로 합의점을 찾기가 매우 쉽다.

만약 이베이에서 10만 원에 구매할 수 있는 카드라면, 구매자의 경우 적어도 1~2만 원가량의 배송료를 추가적으로 부담해야 해서, 11만 원 이상의 비용이 필요하다. 판매자의 경우엔 카드를 10만 원에 판매했다고 하더라도 판매 수수료 등을 제하면 실제로 손에 들어오는 금액은 9만 원이나 그 이하일 수 있다. 반면 국내 커뮤니티에서 10만 원 정도에 직거래가 이루어진다면 판매자와 구매자에게 모두 이득이기 때문에 거래가 성사되기 쉬운 것이다.

2) 국내 카드샵 / 경매 사이트

국내 카드샵을 통해서도 스포츠카드 위탁 판매가 가능하다. 보통 카드샵에 직접 방문하거나 우편으로 본인의 카드를 위탁하고 판매를 의뢰하는 식이다. 예전에는 카드샵에 컬렉터들이 방문해서 직접 카드의 상태를 보고 구매하는 오프라인 판매가 더 우세했으나, 최근에는 라이브 방송이나 게시판 경매를 통한 온라인 판매가 더 활발하게 진행되기도 한다.

특히 판매하려는 카드가 여러 장인 경우 위탁 판매를 의뢰하면 매우 편리하다. 일일이 사진을 찍거나 상품 설명을 달지 않아도 알아서 상품 등록을 해 주는 업체들도 있고 경매 진행부터 판매 대금 정산까지 간단히 진행된다. 자체 홈페이지나 카페를 통해 경매를 진행하는 곳도 있고, 아프리카 생방송을 통해 '초치기 경매*'를 진행하는 곳도 있으니 판매하고 싶은 카드가 많은 경우라면 고려해 봐도 좋을 것이다. 다만, 실시간 이용자의 절대적인 숫자가 그렇게 많지 않으므로 낙찰 희망자가 몇 명 되지 않는 경우엔 예상보다 낮은 가격에 낙찰될 위험도 있다. 그러니 고가의 카드라면 신중하게 결정해야 한다.

---

* 라이브 방송에서 카드에 대한 설명과 함께 경매를 진행한다. 20초 정도의 카운트다운을 거쳐 낙찰자를 정하기 때문에 '초치기 경매'라고 부른다.

3) 이베이 판매 대행

국내에서 판매하는 방법에 대해 알게 된 독자분들은 '아니, 기왕에 판매하는 거 시간이 조금 걸리더라도 미국 시장에 직접 경매로 내놓아서 조금이라도 더 비싸게 팔아야 하는 것 아닌가? 난 이베이에서 팔겠어!'라고 생각할 수도 있을 것이다. 물론 그럴 수도 있지만, 직접 판매하는 것은 쉬운 일이 아니다.

이베이에는 셀러의 평판을 파악할 수 있는 피드백 제도가 매우 오래전부터 자리 잡고 있는데, 이는 당근마켓의 매너 온도나 배달의 민족의 별점 같은 역할을 한다. 거래가 만족스러운 경우 긍정적인positive 피드백을 남기며, 배송이 오래 걸리거나 제품에 하자가 있는 경우 부정적인negative 피드백을 남기게 된다. 긍정적인 피드백이 많아야 좋은 것이 당연하다. 하지만 구매자들 입장에서 부정적인 피드백 한두 개보다 더 피하고 싶은 것이 있다. 바로 피드백이 0인 신규 셀러이다. 신규 셀러가 좋은 카드를 판다고 해도, 신뢰를 가질 수 없기 때문에 비싼 금액을 입찰하기에도 부담이 된다. 셀러가 피드백도 없는 초짜 판매자인데 거주지는 미국이 아닌 머나먼 대한민국이라면? 그리고 제품 설명은 구글 번역기를 돌린 듯 어색한 영어 투성이라면? 이미 한참을 손해 보고 들어가는 장사라고 봐야 한다.

그러므로 국내에서 이베이로 카드를 판매하고자 한다면 이베이 판매 대행을 전문적으로 하는 업체를 이용하는 것이 바람직하다. 대행업체들은 이미 충분한 수의 긍정적인 피드백을 쌓아놓은 상태이며 위탁받은 카드에 대한 상세설명도 개인이 직접 하는 것보다 훨씬 전문적으로 작성해 준다. 그러다 보니 비록 대한민국에 위치한 셀러라고 해도 해외의 구매자들이 신뢰하고 입찰을 하게 된다. 물론 이렇게 번거로운 절차를 대행해주는 만큼, 판매 금액의 일부를 수수료로 지불해야 한다.

이베이 판매 대행은 내 카드가 국내 컬렉터에게는 별로 관심을 끌지 못하거나, 국내에서 판매시 해외에서 판매하는 것에 비해 현격히 낮은 가격에 거래될 것으로 보일 때 이용하면 좋은 옵션이다.

4) PWCC 경매

판매하려는 카드의 가격이 1만 달러 이상으로 예상된다면, 판매자 입장에서는 공인된 경매 플랫폼인 PWCC 위탁 경매를 이용하는 것도 괜찮다. 나도 고민 끝에 듀란트 카드의 판매를 PWCC에 위탁하여 경매를 진행하기로 결정했다. PWCC는 스포츠카드와 포켓몬 카드 등의 트레이딩 카드를 위탁받아 경매를 진행하는 회사로, 고가의 카드를 판매할 때 가장 유리한 방법이라고 볼 수 있다. 오히려 카드 가격이 높을 때 수수료가 더 합리적으로 적용되는 편이라, 낙찰가격에 따라서 앞에서 이야기한 이베이 판매 대행보다 더 낮은 수수료를 지불할 수도 있다.

무엇보다 믿을 수 있는 경매 회사에서 진행되므로 카드를 판매하는 측과 구매하는 측 모두 걱정 없이 거래할 수 있다는 부분이 큰 장점이다. 판매자 측에서는 카드 낙찰 대금을 떼먹히거나 할 걱정이 없으며, 구매자도 카드의 진위나 상태를 믿고 거래할 수 있다. 그리고 이런 부분이 가격에 프리미엄으로 반영되는지, 똑같은 카드여도 이베이에서 평판이 낮은 셀러가 판매할 때보다 PWCC에서 진행하는 경매가 항상 조금이라도 더 높은 가격에 낙찰되는 것을 확인할 수 있었다(이베이 측에서는 이를 두고, 가격을 띄우기 위해 PWCC 측에서 부정 입찰Shill bidding*을 했다고 판단하여 이베이 플랫폼에서 PWCC의 카드를 판매하는 것을 완전히 금지했다).

사이트 회원가입과 카드 배송 절차는 그리 어렵지 않았다. PWCC는 내 카드를 받은 후, 경매 참여자들의 관심을 끌기 위해

---

* 본인이 출품한 카드의 가격을 올리기 위해 본인이나 지인이 구매 의사가 없음에도 입찰에 참여하여 가격을 올리는 것을 말한다.

이 카드가 케빈 듀란트의 중요한 루키 카드 중 하나이며 희소성이 높다는 내용을 강조한 상세 설명을 덧붙여 경매를 시작하게 되었다. 경매가 진행되는 초반에는 생각처럼 가격이 빨리 오르지 않아서 초조하고 불안한 마음이었다. 하지만 마지막 3일을 남겨두자 많은 케빈 듀란트 팬들이 내 카드에 주목하고 있다는 것이 느껴졌다. 새로 고침을 할 때마다 가격이 계속 오르는 것을 확인할 수 있었고, 점점 더 가열되는 분위기였다.

경매는 순조롭게 진행되었으며 경매 종료를 하루 정도 남겨놓은 시점에 최소 목표 금액이었던 1만 달러를 드디어 돌파하게 되었다. 보통 경매 종료 직전에 가격이 많이 오르는 것을 감안할 때, 이제부터는 조금 편안한 마음으로 과연 이 카드의 가격이 어디까지 올라갈지 지켜보면 되는 상황이었다. 최종 경매가 끝나고

→ 23,100달러 낙찰 결과
　출처 : PWCC 홈페이지 캡처

확인한 결과 입찰에 참여했던 사람들은 총 67명이었으며, 최종 낙찰가는 무려 23,100달러였다. 당시 환율 1,300원으로 계산했을 때 3,000만 원이 넘는 큰 금액이다.

이는 내 예상을 뛰어넘은 좋은 결과였다. 1만 원에 구매했던 카드를 3,000만 원에 판매했으니, 단순 수익률로 계산하자면 무려 300,000%의 수익을 본 것이었다. 장기간 보유했던 기회비용과 그레이딩 비용, 위탁 경매에 들어간 수수료 등을 감안하더라도 엄청난 수익률이 아닐 수 없었다. 아내와 나는 결과를 보고서 한동안 서로 말을 잇지 못했으며, '과연 저 금액이 우리에게 잘 전달이 될까?'하는 의문을 떨치지 못했다. 실제 모든 경매 절차가 끝나고 난 뒤 국내 은행에 개설된 외화 통장으로 송금을 받은 이후에야 마음 놓고 기뻐할 수 있었다.

PWCC의 경우 경매 절차와 정산 절차 모두 상당히 프로페셔널하다는 느낌을 받을 수 있었고, 크게 어렵지 않았다. 큰 금액에 낙찰될 수 있는 카드를 판매하려고 한다면, PWCC 경매를 우선적으로 고려해 보는 것을 추천한다.

2장

투자할 때 함께 고려해야 할 환율과 자산 시장의 흐름

스포츠카드 투자는 대부분 미국 달러로 이루어지며, 환율과 매우 밀접한 연관이 있다. 2022년 미국에서 인플레이션을 잡기 위해 금리를 네 차례나 큰 폭으로 올리면서, 한동안 달러가 매우 강세를 보였다. 2022년 초에 1,200원대였던 환율은 10월에 1,450원까지 오르기도 했다. 2023년 1월 현재는 다시 1,240원대까지 조정받았지만 여전히 큰 변동성을 보인다. 이는 보유하고 있는 스포츠카드의 시세가 전혀 변하지 않았더라도 환율에 의해 잠재적인 가치가 변할 수 있다는 것을 의미한다. 카드를 이미 보유하고 있는 경우라면 판매 시기와 환전 시기를 신중하게 결정하여 환율 변동으로 인한 손해를 최소화하는 것이 필요하다. 가능하면 시세차익과 함께 환차익까지 얻을 수 있는 투자를 하는 것이 좋을 것이다.

나는 2021년 2월에 듀란트 카드를 판매하여 달러를 보유하고 있었지만, 2022년 미국이 금리를 인상하는 동안 환율이 더 높아질 것이라는 느낌을 받았다. 결국 2022년 11월 환율이 1,400원을 돌파했을 무렵, 1,430원이 넘는 환율로 환전을 마쳐 실제로는 3천 300만 원에 가까운 수익을 올리게 되었다.

판매할 때도 시기가 중요한 것처럼 스포츠카드를 새로 구매하려고 고민하는 투자자라면 지금 환율로 환전을 해 투자하는 것이 과연 유리한지를 충분히 검토하고 구매 버튼을 클릭해야 한다. 스포츠카드도 다른 모든 자산과 마찬가지로 싸게 사는 것이 가장 중요하다는 것을 잊어서는 안 되는데, 이를 위해선 환율의 흐름을 파악하는 것이 관건이다.

스포츠카드의 가격도 항상 오르는 것은 아니다

스포츠카드는 이미 수집품을 대상으로 하는 대체투자 시장에서 확고히 자리를 잡고 그 덩치를 점점 키워가고 있다. 그 시장 규모는 시간이 지나면서 더욱 커질 것으로 보인다. 그렇기 때문에 나는 장기적으로는 스포츠카드의 가치가 인플레이션을 이겨내고 더욱 우상향할 것으로 전망하는 쪽이다. 다만, 하락이나 조정이 없이 오르기만 하는 자산은 없다. 현재 스포츠카드도 금리를 올려 인플레이션을 막고 유동성을 회수하려는 미국 정부와 연준의 방침과 맞물려 긴 조정 기간을 갖고 있다. 2020년에서 2022년 초까지 크게 폭등한 이후 조정을 받고 있는 우리나라 부동산 시장과도 유사한 흐름이다. 그러나 결국에는 수량이 제한된 가치 있는 스포츠카드는 가치 저장 수단으로써의 역할을 하리라 생각한다.

스포츠카드를 매매하기 위한 최적의 시기를 판단할 때는 단순히 스포츠카드의 가격만 체크해볼 것이 아니라, 부동산 시장과 주식시장의 움직임을 같이 확인하는 것이 필요하다. 그리고 온라인에서의 가치를 점차 인정받아, 앞으로 스포츠카드와 유사한 흐름을 보일 것으로 예상되는 NFT의 변동성에도 주의를 기울여야 한다. 경기가 좋아서 모든 자산의 가격이 끝없이 상승하고 있을 때는 큰 금액을 들여 스포츠카드에 신규 투자하는 것보다는, 그동안 장기 보유하고 있었던 카드들의 수익실현을 고려하는 것이 좋다.

반대로, 금리가 크게 오르거나 실물 경기가 좋지 않을 때라면 대부분의 자산 가격이 떨어지게 된다. 스포츠카드 시장도 다르지 않다. 가격이 어디까지 떨어질지 예측하는 것은 불가능에 가깝지만, 결국 경기가 회복된다면 좋은 자산의 가치는 다시 회복되기 마련이다. 만약 평소에 눈여겨 보고 있었던 희소가치 있는 스포츠카드의 가격이 크게 하락한다면 조심스럽게 신규 매수를 고려해 보자.

3장

스포츠카드 투자를 할 때
피해야 할 10가지

여기까지 관심 있게 책을 읽은 독자분들 중에는 전혀 생각도 하지 못했던 스포츠카드 투자의 세계를 새롭게 접하게 된 분들도 있을 것이며, 스포츠카드 투자에 대해 알고는 있었으나 보다 자세한 방법과 절차를 알게 된 분들도 있을 것이다. 그리고 필자가 어렵지 않은 방법으로 큰 수익을 거두었다고 하니 나도 한 번 투자를 해봐야겠다고 생각하는 독자분들도 있으리라 본다. 이번 장에서는 스포츠카드 투자를 할 때 초보들이 많이 하는 실수와 올바른 투자를 위해 최대한 피해야 하는 것들에 대해서 설명하려고 한다.

1) 스포츠카드 투자는 포트폴리오의 5%를 넘지 않도록

스포츠카드 투자는 지금까지 설명한 것처럼 스포츠 팬들에게는 재미있는 투자이며, 받아들이는 사람에 따라 주식 투자보다 더 쉬운 투자가 될 수 있다. 그리고 스타들의 활약 여부에 따라서 기대 이상의 수익도 얻을 수 있는 매력적인 투자임이 분명하다. 하지만 일확천금을 노리고 전 재산을 모두 투자한다든가, 부동산이나 주식과 같은 통상적인 투자 자산보다 훨씬 높은 비중으로 투자를 하는 것은 피해야 한다. 부동산은 의식주의 한 부분을 차지하고 실제 생활과 깊은 연관이 있는 자산이므로 필수재에 가까우며, 실제 거주하는 부동산이 아니더라도 임대 수익을 발생시킬 수 있다. 주식은 상장되어 있는 기업의 일부분을 실제 소유하는 것이나 마찬가지이다. 해당 기업이 실제 수익을 잘 내게 되면 이 부분이 주가로 반영이 되며, 수익에 따른 배당금도 받을 수 있다.

스포츠카드는 와인이나 오래된 미술품과 마찬가지로, 희소가치를 인정받는 가치 저장 수단임이 분명하다. 하지만 보유하고 있다는 것 자체만으로는 수익을 낼 수 없다는 점을 명심해야 한다. 실제로 현금 흐름을 발생시킬 수 있는 투자 자산이 아니므로, 개인적으로는 스포츠카드에 투자하는 금액은 전체 포트폴리오의 5%를 넘지 않는 것이 좋다고 생각한다.

2) 계란을 한 바구니에 담지 말아야

나는 스포츠 시즌이 새롭게 시작될 때마다 나만의 분석과 필터링을 거쳐, 씨를 뿌리는 농부의 마음으로 매년 1~2명의 선수를 정해 스포츠카드 투자를 하고 있다. 그러다 보니, 투자 시기도 달라지고 투자하는 선수들도 여러 명이 되어 자연스럽게 분산 투자가 되고 있다. 보통 장기 투자를 하게 되면, 대부분의 스포츠카드는 시간이 지남에 따라 꾸준히 우상향하는 모습을 보이며 그중에는 큰 수익을 올리는 선수도 나오게 된다. 하지만 투자했던 선수들을 뒤돌아 보면 선수의 성장이 기대에 못 미치거나 선수 생활이 짧게 끝나 카드를 샀던 가격보다도 손해를 보고 판매하는 경우도 종종 있었다. 만약 분산 투자 없이, 가장 좋아하는 선수 한 명에게만 투자했다면 투자의 결과는 극명하게 달라졌을 것이다.

실제로 내가 케빈 듀란트 선수 이전에 투자했던 선수 중 한 명은 유타 재즈의 포인트 가드였던 데론 윌리엄스Deron Williams였다. 그는 같은 해 데뷔했던 NBA 최고의 포인트 가드 중 한 명인 크리스 폴Chris Paul과 항상 비교되었다. 경기 성적이나 패스 센스를 비교했을 때는 항상 크리스 폴 선수가 앞서는 상황이었다. 다만 포인트 가드치고 키가 크고 몸이 탄탄했던 윌리엄스는 폴과 맞

대결을 할 때면 항상 우위에 서는 모습을 보여 나에게 기대를 갖게 했다. 당시 유타 재즈의 파워 포워드였던 카를로스 부저Carlos Boozer와 좋은 콤비 플레이를 보여서, 마치 90년대 후반 칼 말론과 존 스탁턴과 같은 케미스트리를 보일 때도 있었다. 무난하게 성장한다면 미래에 명예의 전당에 들어갈 수 있겠다는 생각도 하게 만들었다. 내가 듀란트와 같은 새로운 선수들에게 분산해서 투자하지 않고 윌리엄스에게만 지속적으로 투자를 했다면 어떤 일이 벌어졌을까?

윌리엄스는 내 예상보다 훨씬 짧게 NBA 커리어를 마감하였으며, 어느 날 홀연히 터키 리그로 떠난다는 기사만을 남긴 채 미국을 떠나게 되었다. 이날 뉴스를 접하고 큰 충격에 빠졌던 기억이 난다. 물론 이미 은퇴한 레전드 선수에게 투자하는 경우라면 이런 부담이 조금은 덜하겠지만, 은퇴한 선수라고 해도 음주나 약물 등 새로운 문제가 발생하지 않는 것은 아니므로 투자를 할 때는 가급적 여러 선수에게 분산 투자하는 것이 중요하다.

3) 박스 브레이킹은 즐겁다, 하지만…

미개봉된 박스나 팩을 개봉하여 랜덤하게 들어있는 카드를 확인하는 박스 브레이크Box breaks와 팩 브레이크Pack breaks는 스포츠카드 시장이 여기까지 발전할 수 있었던 원동력이기도 하다. 밀봉된 박스와 팩에서 누구나 갖고 싶어 하는 최고의 카드가 나오는 것은 컬렉터들이라면 모두 꿈꾸는 짜릿한 모습이다. 그러나 이 책에서는 박스 브레이크에 대해서 자세히 다루지 않았는데 이는 현재 거래되는 스포츠카드 박스의 가격이 상당히 비싸기 때문이다. 인기 카드 박스의 경우 한 박스가 백만 원을 넘는 경우도 심심찮게 볼 수 있으며 이렇게 비싼 박스를 개봉해도 좋은 카드가 나오지 않으면 박스 구매 비용도 건지지 못한 채 손해를 보는 경우가 생길 수 있다.

예전에는 지금과 비교했을 때 카드 박스나 팩의 가격이 그렇게 비싸지 않아서, 취미로 박스 브레이크를 하면서 투자까지 하는 것이 가능했으나 지금은 쉬운 일이 아니다. 고가의 카드 박스를 구매하여 개봉하는 것은 짜릿한 대박의 가능성은 있지만, 확률적으로 구매 비용을 회수하기는 쉽지 않다. 그래서 투자 목적으로만 스포츠카드를 구매한다면 박스나 팩을 구매해서 개봉하는 것은 추천하지 않는다.

물론, 수집과 취미의 영역에서라면 본인이 정해놓은 예산에서 박스 브레이크를 즐겨도 무방하다! 실제로 유튜브나 페이스북 채널을 통해 사람들을 모아서 박스 브레이크를 하는 그룹 브레이크Group breaks 참가자를 모집하거나 생중계하는 사람들이 많으며,

참여하는 것도 어렵지 않다. 국내 스포츠카드 커뮤니티에서도 수시로 그룹 브레이크를 진행하고, 참가자를 모집한다.

4) 자외선은 스포츠카드의 강력한 적이다

태양에서 오는 자외선은 스포츠카드의 가장 무섭고 강력한 적이다. 스포츠카드가 자외선에 지속적으로 노출될 경우, 스포츠카드 표면의 친필 사인은 빛이 바래고 크롬 재질의 반짝거리는 카드들은 초록색으로 변하기도 한다. 심지어 그레이딩을 마친 카드에서도 자외선으로 인한 변화가 발생하기 때문에 어떤 상황에서도 안심할 수 없다. 자외선을 차단하는 유리로 된 진열장이라고 한다면 카드의 변화를 어느 정도 막을 수 있겠지만, 그런 장비가 없는 한 가급적 스포츠카드를 태양에 노출시키는 것은 피해야 한다.

5) 경매시에 부정 입찰은 절대 금물이다

국내 경매 사이트나 이베이, PWCC를 통해 경매를 진행하다 보면 내가 출품한 스포츠카드의 입찰 가격이 생각만큼 오르지 않아 답답하고 속상한 일이 아주 흔하게 발생하곤 한다. 그런

데 컬렉터 중에서 이 부분이 아쉬운 나머지 분위기를 끌어올리기 위해 본인이 다른 아이디를 동원해서 부정한 거짓 입찰을 하는 경우가 있다. 이런 경우를 쉴 비딩Shill bidding이라고 한다. 이베이를 비롯한 미국 사이트에서는 이를 엄격하게 제재하고 있으며, 자칫 잘못하다간 영구적으로 계정이 정지될 수 있다. 조금 불안하더라도, 내가 가진 카드의 가치만 확실하다면 결국 마지막 순간에는 시세에 근접한 상황까지 올라가게 되므로 결코 쉴 비딩을 하는 일은 없어야 할 것이다.

6) 위탁 판매가 아닐 경우, 사기를 조심하라

안타깝지만 국내 시장에서도 종종 돈을 입금받은 판매자가 발송을 차일피일 미루거나 아예 잠적하는 일들이 일어난다. 네이버 카페와 같은 커뮤니티에서 거래하는 경우, 이베이와 같이 판매자의 피드백을 직관적으로 확인할 방법이 없다. 분쟁이나 사고가 발생했을 경우 도와줄 수 있는 중간 플랫폼이 없다는 점도 문제가 될 수 있다. 구매하기 전에는 항상 판매자의 이전 거래 글이나 판매 내역 등을 최대한 확인하는 것이 좋으며 확인이 전혀 불가능할 경우 판매 가격이 아무리 저렴하더라도 거래를 조심해야 한다.

7) 단타 매매는 어렵다

스포츠카드 투자에도 크게 두 가지 흐름이 있다. 첫 번째는 지금까지 설명했던 장기 보유를 기본으로 하는 투자이며, 두 번째로는 주식 단타 매매와 같이 짧은 기간에 사고파는 단기 투자가 있다. 실제로 카드 플리핑card flipping이라고 하는 이 단기 투자 방법은 미국에서는 많은 투자자에게 알려져 있다. COMC와 같이 카드 매물이 많은 사이트에서 적당한 카드들을 저렴한 가격에 많이 구매한 뒤, 가격이 올랐을 때 바로 처분해서 시세차익을 계속해서 올리는 투자 방법이다. 하지만 국내 투자자가 이러한 카드 플리핑을 하기는 쉽지 않다. 여러 장의 카드를 구매했을 경우 배송료 문제도 있을뿐더러 사고파는 데 걸리는 기간이 매우 길기 때문에 단기간에 수익을 남기기 어렵다. 웬만큼 고수가 아니라면 스포츠카드 단타 매매는 추천하지 않는다.

8) 무지성 장기 보유는 금물

스포츠카드는 쌀 때 사 두었다가 10년 이상 보유하는 것이 좋은 투자 전략이 될 수 있다. 그렇다면 투자 목적으로 사 놓은 카드는 잘 보관한 뒤 10년 뒤에 열어보면 될까? 아쉽지만 그렇지 않다. 내가 잘 보관하고 있던 유망주 중, 미처 근황을 챙기지 못했던 선수 한 명은 어느 날 TV를 보다가 KBL(국내 프로농구)에서 용병 선수로 발견된 적도 있다. 물론 KBL의 수준도 많이 올라온 것은 사실이지만, 내심 씁쓸하고 속상한 마음을 거둘 수는 없었다. 고이 모아 두었던 카드는 거의 주식시장의 상장 폐지처럼 가치가 바닥으로 떨어졌으며 경기를 구경하러 가서 이 루키 카드에 사인이나 받아야겠다고 생각했지만, 막상 실제로 사인을 받지도 못했다.

이처럼 매일같이 확인하지는 못하더라도 투자한 선수에게 관심을 아예 끄면 곤란하다. 본인이 투자한 카드의 선수들은 큰 부상은 없는지, 경기력은 양호한지, 엉뚱한 팀으로 트레이드가 되는 것은 아닌지 이런 부분을 중간중간 업데이트하여야 한다. 만약 기대에 너무 못 미쳐서 대성할 가능성이 전혀 없다고 한다면, 적당한 시기에 어느 정도 손해를 감수하고서라도 카드 판매를 고려해야 하기 때문이다.

9) 무분별한 그레이딩은 파산의 지름길

앞서 말했듯 그레이딩을 마치면 내가 보낸 카드가 깔끔하게 케이스에 밀봉되어 다시 돌아오게 된다. 그러면 보관하거나 이동하기에도 용이하며 보기에도 매우 만족스러운 것이 사실이다. 하지만 모든 카드가 다 10점으로 돌아오는 것은 아니고 심지어 10점이 된다고 해도 큰 가치가 없는 카드도 많다. 이런 부분을 간과하고, 때로는 카드의 상태도 제대로 점검하지 않은 채 기계적으로 그레이딩을 보내는 컬렉터들이 있다. 카드를 받을 때 기분은 좋을 수 있겠지만 어찌 된 일인지 지갑은 점점 비어갈 것이다. 그레이딩은 그레이딩 파트에서 언급한 대로, 그레이딩 후에 기대할 수 있는 가치 상승을 반드시 계산한 뒤 진행해야 한다.

10) 스포츠에 대한 애정과 수집으로 인한 즐거움이 없다면?

고가의 와인과 위스키에 투자하는 사람이 술을 먹지 못한다고 생각해 보자. 술을 먹지도 못하고, 맛의 차이도 느끼지 못하는데 단순히 돈을 벌기 위해 투자를 한다니? 맞지 않는 옷을 입은 듯 어색한 느낌이다. 스포츠카드도 마찬가지이다. 만약 스포츠의 규칙도 모르고, 투자 과정에서 즐거움이 없는 상황이라면 꼭 스포츠카드에 투자해야 할까 하는 생각이 든다. 본인에게 더 잘 맞는 투자 종목이나 방법이 있을 수 있으니, 이런 경우에는 스포츠카드 투자를 신중하게 고민해야 할 것이다. 바꿔 말하면 해당 스포츠에 대해 애정이 있고, 게임을 잘 이해하며 선수를 분석하고 수집을 할 때 즐거움을 느끼는 사람들에게는 스포츠카드가 아주 즐거운 취미이자 투자가 될 것이다.

미래의
마이클 조던에
투자하라

　나는 어려서부터 슬램덩크와 축구왕 슛돌이 같은 만화를 보면서 자랐으며 야구와 축구, 농구를 비롯한 운동 경기에 관한 관심이 아주 깊었다. 운동에는 소질이 별로 없어서 실제로 경기를 하는 것보다는 경기를 보는 것을 좋아했다. 좋아하는 선수들에 대해 관심을 두고 경기를 지켜보다 보니 점점 전체적인 경기의 흐름에 대한 이해도 많이 높아진 것 같다.

　아내와 처음 만나 소개팅을 하고 며칠 되지 않아서 남아공 월드컵 대한민국 대 나이지리아전을 함께 응원하게 되었다. 후반에 페널티 에어리어 바로 바깥에서 대한민국이 프리킥을 얻게 되었다. 프리킥을 준비하는 자리에는 킥이 좋은 박주영 선수와 왼발의 달인 염기훈 선수가 나란히 서 있었다. 아슬아슬하게 페널티킥이 선언되지 않자 아내는 많이 아쉬워했고, 나는 일단 지켜보자고 하며, '저 위치에서라면 박주영 선수가 킥이 좋으니 골대 먼 쪽으로 감아서 찰 경우 충분히 득점할 수 있을 거예요'라고 이야기를 했다. 결과적으로 내가 예측한 방향 그대로 그림같이 골이 들어갔다. 아내는 그 당시를 떠올리며 해설자도 아니고 경기를 그렇게 예측하다니 정말 신기했다는 말을 지금도 한다. 선수들에 대해 자세히 분석했었기에 경기도 더 재미있게 즐길 수 있었고, 이러한 습관은 스포츠카드 투자를 할 때 큰 힘이 되고 있다.

스포츠는 현대 사회를 바쁘게 살아가고 있는 우리에게 때로는 활력소가 되어주고, 우울한 일투성이라 밝게 웃고 기뻐할 일이 아무것도 없을 때도 큰 환호성을 끌어내곤 한다. 최근 성공적으로 막을 내렸던 카타르 월드컵 조별 예선의 가나전이 떠오른다. 이제는 인기 스타가 되어 인스타그램에서 256만 팔로워를 보유하고 있는 조규성 선수의 두 번의 그림 같은 헤더 골은 대한민국 국민의 막힌 속을 뻥 뚫어주는 사이다 같은 역할을 했다.

그리고 포르투갈전 추가시간에 나온 손흥민 선수의 질주와 상대 팀 선수의 다리 사이로 그림 같은 패스를 이어받은 황희찬 선수의 결승골을 보며 가슴 깊은 곳에서 올라오는 짜릿한 전율을 느낄 수 있었다. 이렇게 멋진 스포츠 스타들의 모습을 담은 카드를 수집하고 간직한다는 것은 팬으로서는 매우 즐겁고 의미 있는 일이 아닐 수 없다. 더군다나 과거에는 취미에 머물렀던 스포츠 카드가 어느새 큰 수익을 기대할 수 있는 의미 있는 자산까지 되었으니 말이다.

나는 책을 준비하면서 아직 우리나라에 스포츠카드에 대해 다룬 책이 없는 것을 확인한 뒤에 조금 충격을 받았다. 스포츠카드 '투자'에 대한 책은 없을 것이라고 예상했지만, '스포츠카드'가 무엇인지 안내하는 책이 아직 없다니!

"읽고 싶은 책이 있는데 아직 쓰이지 않았다면, 바로 당신이 써야 한다"라고 한 1993년 노벨 문학상 수상자인 토니 모리슨의 말이 나를 무엇에 홀린 듯 여기까지 이끌었다.

스포츠카드 투자는 스포츠에 애정이 있고, 스포츠

스타를 좋아하는 팬들에게는 스포츠를 더 재미있게 즐길 수 있게 해 주고, 좋아하는 선수와 팀을 더 열광적으로 응원하게 하는 매개체가 되어준다. 그리고 자신만의 스타를 발굴하여 그 선수들의 스포츠카드를 자산에 편입할 경우, 포트폴리오를 다양화하는 데 좋은 역할을 할 수 있을 뿐 아니라 장기적으로 인플레이션을 이겨낼 수 있는 좋은 투자가 될 수 있다고 믿는다.

나는 아직도 야구와 농구 시즌이 시작될 때마다 향후 리그를 지배할지도 모르는 미래의 스타들을 찾고 있으며, 그들의 무한한 잠재력에 투자하고 있다. 어떤가, 당신도 미래의 마이클 조던에 투자할 준비가 되었는가?

스포츠카드, 수집의 세계에서 투자의 세계로

초판 1쇄 발행 2023년 6월 5일

지은이 | 센트리우스(구자경)
발행인 | 홍경숙
발행처 | 위너스북

경영총괄 | 안경찬
기획편집 | 박혜민, 안미성
마케팅 | 박미애

출판등록 | 2008년 5월 2일 제2008-000221호
주소 | 서울 마포구 토정로 222, 201호(한국출판콘텐츠센터)
주문전화 | 02-325-8901
팩스 | 02-325-8902

표지 디자인 | 김종민
본문 디자인 | 최치영
지업사 | 한서지업
인쇄 | 영신문화사

ISBN 979-11-89352-68-4 (13320)